經濟學

（下）

陸民仁 編著

三民書局 印行

國家圖書館出版品預行編目資料

經濟學／陸民仁著.－－初版五刷.－－臺北市；　三
　民，民91
　　面；　　公分
　　ISBN 957－14－2476－5　（上冊：平裝）
　　ISBN 957－14－2477－3　（下冊：平裝）

　1.經濟學

550　　　　　　　　　　　　　　　　　　85004137

網路書店位址　http：//www. sanmin. com. tw

© 經 濟 學(下)

編著者　陸民仁
發行人　劉振強
著作財
產權人　三民書局股份有限公司
　　　　臺北市復興北路三八六號
發行所　三民書局股份有限公司
　　　　地址／臺北市復興北路三八六號
　　　　電話／二五〇〇六六〇〇
　　　　郵撥／〇〇〇九九九八——五號
印刷所　三民書局股份有限公司
門市部　復北店／臺北市復興北路三八六號
　　　　重南店／臺北市重慶南路一段六十一號
初版一刷　中華民國八十五年十月
初版五刷　中華民國九十一年二月
　編　號　S 55184
　基本定價　伍　元
行政院新聞局登記證局版臺業字第〇二〇〇號

ISBN　957-14-2477-3　（下冊：平裝）

編輯大意

一、經濟學係欲理解現今社會各種商業事務之基礎科目，亦稱「社會科學女王」，本書旨為初學者提供一最適入門教材。

二、本書共分上、下兩冊，適合五年制、二年制專科學生研讀之用，亦可供有興趣之社會君子賢達自修之用。

三、本書主要闡明經濟學基本概念及分析方法，以淺近但不失嚴謹的敘述方式，循序引導，期使年輕學子熟悉運用數字、文字及數學公式，藉以分析當前社會所發生之各種經濟現象。

四、本書內容亦簡要介紹經濟學之成立及其發展與當代經濟思潮，使讀者得以近炙歷代重要經濟學家的高言讜論。

五、本書於基本概念詳加闡明，重點處特以色塊標出，期使年輕學子一目瞭然；圖形亦附說明，藉以按圖索冀，增加學習效果。

六、本書另外增附問答題與選擇題，以增加年輕學子對內文的理解，同時亦激發對經濟學基本概念與經濟現象之間關係的思考。

七、本書編寫雖力求嚴謹，然舛誤之處勢所難免，尚祈學界先進不吝指正是幸。

經濟學（下）

目　次

第二十章　政府財政與國民所得

第二十一章　貨幣與金融

第二十二章　國際貿易與國際金融

第二十三章　物價膨脹

第二十四章　經濟循環

第二十五章　經濟成長與經濟發展

第十二章　分配理論

學習目標

研讀本章之後，希望同學們對以下的主題有所瞭解

1. 所得分配的兩個概念：功能性的所得分配與個人的所得分配
2. 個人所得分配概況的衡量方法：羅蘭氏曲線與基尼係數
3. 影響個人所得的兩個因素：所擁有生產因素的數量及其價格
4. 生產因素的需求
5. 決定生產因素價格的準則

第1節　分配的意義

　　分配理論所要研究的問題是，一國在一年內所生產的各種財貨的價值，如何在提供生產因素參加生產活動的各階層間加以分配，亦即勞動者、地主、資本家與企業家各分得多少？以及如何在社會各個人間加以分配？前者稱為功能性的所得分配，後者則稱為個人的所得分配。特別是個人所得分配的問題受到現代人的重視。因為在高度複雜的現代經濟制度下，除極少數的行業，如以維持家庭生活為主的農場，能直接取得並使用自己所生產的產品外，絕大多數的生產因素的所有人，提供生產因素的勞務，參加生產，並不能直接取得所生產的產品，而是獲得各種不同形態的報酬或收益，如工資、地租、利息、利潤。這些報酬成為他的所得，他再以這種所得去購買他所需要的各種產品。同時個人的所得亦不相同，即有的人所得高，如大企業家、大地主、名作家；而有的人則所得少，如一般非技術性的體力勞動者，店員、攤販等；亦即所得的分配並不平均。為了瞭解這種現象，即需要研究分配理論。

第2節　羅蘭氏曲線（Lorenz Curve）與基尼係數（Gini Coefficient）

　　為測度一社會個人所得的分配是否平均？如不平均，其不平均的程度如何？一般可採用羅蘭氏曲線或基尼係數以表示之。

　　所謂羅蘭氏曲線乃是一個方形圖，橫座標由左向右表示所得由低而高人口所佔的百分比。縱座標由下而上則表示所獲得的所得百分比。

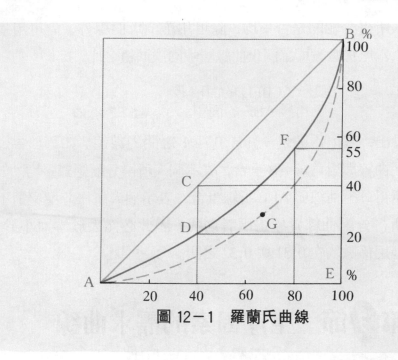

圖 12-1 羅蘭氏曲線

AB 對角線表示絕對平均的所得分配線，一定百分比的人口必獲得同一百
分比的所得。例如 AB 線上的一點 C，即表示百分之四十的人口亦獲得百
分之四十的所得。如果該一社會的個人所得分配極不平均，百分之九十
九以上的人毫無所得，最後的一個人卻獲得全部所得，則所得分配線便
爲成 90°角度的 AEB 折線，表示百分之九十九以上的人的所得爲百分之
零，加上最後的一人以後，則百分之百的人獲得百分之百的所得。意即
該社會僅有唯一的一人，便獲得百分之百的所得。上述兩種個人所得分
配的形態，代表兩個極端，不太可能存在。實際的個人所得分配線可能
如 ADFB 曲線，就其上的一點 D 看，表示該社會所得低的百分之四十的
人口，獲得全部所得的百分之二十。再由 F 點來看，表示低所得的百分
之八十的人口，獲得百分之五十五的所得；換言之，另外高所得的百分
之二十的人口，獲得百分之四十五的所得，顯示所得的分配並不平均。

　　由圖 12-1 並可看出，所得分配曲線愈接近於對角線，表示個人所
得分配愈平均；愈接近於 AEB 折線，表示個人所得分配愈不平均。圖中
AGB 所代表的所得分配曲線，就比 ADFB 所代表的所得分配來得更不平
均。

　　表示個人所得分配的是否平均，除可用羅蘭氏曲線外，尚可用基尼係數表示之。基尼係數實即羅蘭氏曲線圖中兩項面積之比，亦即

$$基尼係數 = \frac{弧形\ ACBFD\ 的面積}{三角形\ ABE\ 的面積}$$

由此定義可看出，基尼係數是一介於 0 與 1 之間的數值。如等於零，即表示所得分配曲線與對角線 AB 重合，表示個人所得分配絕對平均。如等於一，表示所得分配曲線與 AEB 折線重合，表示個人所得分配絕對不平均。實際的所得分配曲線界於這兩者之間，因此必然大於零而小於一。目前我國的基尼係數約在 0.31 與 0.32 之間。

第**3**節　　生產因素的需求曲線

　　社會上何以有的人所得高？有的人所得低？為解答此一問題必須瞭解個人的所得如何決定。決定個人所得高低的因素有二，一是個人所控制的各種生產因素的數量，如勞動力、資金、土地，及個人經營事業的才能或智慧；一是各種生產因素的市場價格，即工資水準，地租水準，利率水準等。如果生產因素的價格相同，則個人控制各種生產因素的數量多，所得便多，控制的各種生產因素的數量少，所得便少。例如，一個人除本身的勞動力外，尚保有大量的資金，則他的所得一定比一個僅有很少資金，或根本沒有資金的人，其所得便來得高。其次，如果個人所控制的生產因素的數量相等，但生產因素的價格卻不一樣，則生產因素價格高的人，其所得便多。例如某甲在臺北市繁華地區擁有土地一千坪，某乙則在偏僻的鄉村同樣擁有一千坪土地；由於臺北土地的地租高，鄉村土地的地租低，同樣擁有一千坪土地，某甲的所得一定比某乙高得多。因此根據以上兩個因素，個人所得即其所擁有的各種生產因素的數量，與生產因素價格相乘積的總和。其他情況不變，凡擁有生產因素數量愈多，或生產因素的價格愈高者，則其所得必高，反之必低。

　　個人所能擁有生產因素的數量，除其勞動力是生而有之以外，其他的多由於後天的因素；例如他的才能可能是由於接受了某種特殊的教育與訓練。他所擁有的資金，可能是來自於他過去的儲蓄，亦可能來自於繼承了父親的遺產。他所擁有的土地，可能是他用過去的儲蓄所購買，亦可能是他父親留給他的遺產。這些不僅與經濟有關，亦受一國社會制度、法律制度及文化背景的影響。

　　至於生產因素的價格，則與一般產品一樣，亦決定於市場的供需關係，透過市場對生產因素的需求及供給，決定其市場價格。不過他與一般產品的供需，在性質上亦有不相同之處。就市場需求而論，一般消費者所以需要各種產品，是因爲這些產品對消費者具有效用，能直接滿足消費者的慾望，因此是一種直接需求。但對生產因素的需求卻不是來自一般的消費者，而是來自於生產者。生產者所以需要生產因素，並不是因爲他能直接滿足生產者的慾望，而是由於生產因素可以供生產者從事各種產品的生產，從而能賺取利潤。因此生產者對生產因素的需求是間接的，是由於生產所需而引申出來的，故稱爲間接需求或引申需求。

　　其次，在供給方面，生產因素的性質亦不同於一般產品。對一般產品，除極少數的例外，如古董、古畫，其數量固定，不能增加，一般均可透過生產過程，隨市場的需要而增加。但生產因素則不然，除具體的機器設備可以透過生產活動而增加外，土地的數量是固定的，無法以人力增加。勞動者的數量雖可隨人口的增加而增加，但人口現象，無論出生、死亡，年齡結構均不是狹義的經濟現象，亦不能單純用經濟的意義來解釋，而稱生孩子是爲了製造勞動者。何況個人所具備的勞動力是固定的，不予使用即告消失，絕不能儲存以供他日使用，亦不能因需要多而個人的勞動力會突然增多。

　　由於上述原因吾人對生產因素的需求與供給，便須另加說明。首先說明生產因素的需求如何決定，其需求曲線如何引申。

　　生產者何以需要生產因素？是因爲生產因素在生產過程中對生產者有貢獻。這種貢獻的大小，可用生產因素的邊際實物產量（MPP）來表

示，這在討論生產理論時已有所說明。例如圖 12-2 是某一生產者僱用勞動的邊際實物產量曲線，當所僱用的勞動量甚少時，勞動的邊際實物產量遞增。僱用的勞動量增多時，則最後邊際實物產量將遞減。因爲合理的僱用量必在邊際實物產量遞減的範圍內，以下分析時對遞增部分吾人暫不考慮。

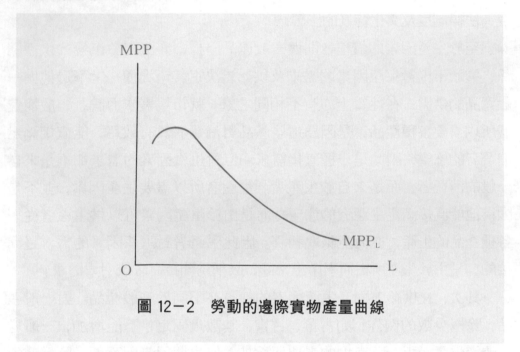

圖 12-2　勞動的邊際實物產量曲線

圖 12-2 的縱座標是用產品的實物單位表示的。但生產者所關心的是產品在市場銷售以後所能獲得的貨幣收入，這代表生產因素的僱用對生產者所提供之貢獻以貨幣形式表示。因爲產品在市場銷售在總收益上的增加量爲邊際收益，吾人將生產因素的邊際實物產量乘上產品的邊際收益，稱爲生產因素的邊際收益產量（MRP），亦即

$$\text{生產因素的邊際收益產量 } MRP = MR \cdot MPP$$

式中 MPP 是生產因素的邊際實物產量，是用實物單位表示的。MR 則爲產品的邊際收益，是用貨幣單位表示，兩者相乘之後的生產因素的邊際收益產量，便也是用貨幣單位表示的了。例如生產者僱用一定量的勞動生產毛巾，勞動的邊際實物產量爲毛巾十條。而毛巾在市場銷售以後，

其邊際收益爲新臺幣二十元，則勞動的邊際收益產量便爲新臺幣六百元。如果僱用的勞動量有變動，則勞動的邊際實物實量會有變動，同樣產品的邊際收益也會變動。吾人將不同勞動僱用量之下的邊際收益產量，在圖形上畫成一條曲線，便稱爲生產因素勞動的邊際收益產量曲線，其形態如圖 12－3 所示。

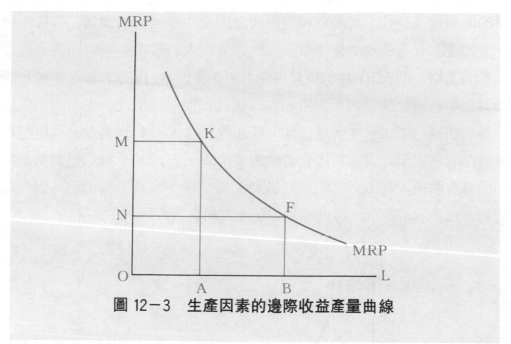

圖 12－3　　生產因素的邊際收益產量曲線

　　圖中橫座標代表生產因素的僱用量，縱座標則代表生產因素的邊際收益產量。生產因素的僱用量甚少時，因邊際實物產量高，產品的邊際收益亦高，故邊際收益產量亦高。當生產因素的僱用量甚多時，則因邊際實物產量低，由於產量多，故產品的邊際收益亦低，從而生產因素的邊際收益產量亦低，因此邊際收益產量曲線是一根由左上方向右下方傾斜的曲線。由此一曲線顯示，當生產因素的僱用量爲 OA 單位時，其邊際收益產量則爲 AK（＝OM），當生產因素的僱用量爲 OB 單位時，其邊際收益產量則爲 BF（＝ON）。

　　此一 MRP 曲線即可視爲生產者對生產因素的需求曲線。因爲如果生產因素的市場價格爲 OM，生產者對生產因素的僱用量一定爲 OA 單位，此時他付給生產因素每單位的報酬是 OM，而他從生產因素每單位的僱

用所能收回的貨幣收益亦爲 OM。如果他對生產因素的僱用量低於 OA，則他從每單位生產因素的僱用所獲得的收益，超過他付給每一生產因素單位的成本，自然他以增加生產因素的僱用量爲有利。反之，他對生產因素的僱用量大於 OA，則他從每單位生產因素的僱用所能獲得的收益，低於他付給每一生產因素單位的成本，爲減少損失，他自以減少生產因素的僱用量爲有利。而最有利的僱用量即是生產因素的價格，等於生產因素的邊際收益產量的僱用量。因此如果吾人將縱座標同時亦表示生產因素的價格，則 MRP 曲線便是生產者對生產因素的需求曲線了。如果將所有生產者對此生產因素的需求加以總計，便可獲得此一生產因素的市場需求曲線。圖 12－4 便是這樣一條曲線，吾人以 L 表勞動，橫座標代表勞動的需求量，縱座標代表勞動的價格即工資，DₗDₗ 線即是對勞動的市場需求曲線。當工資高時，對勞動的需求量少，當工資低時，對勞動的需求量多，故整個一條曲線是由左上方向右下方傾斜的曲線。

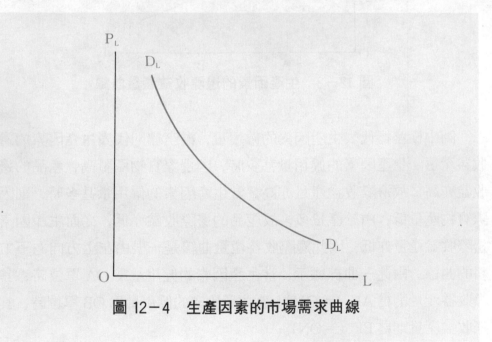

圖 12－4　生產因素的市場需求曲線

第4節　生產因素價格決定的一般法則

　　如果知道生產因素的市場需求，同時也知道生產因素的市場供給，理論上透過市場供需關係，即可決定生產因素的價格。因爲不同類型的生產因素市場供給的類型亦不同，這在以下兩章將有說明。假定吾人已知某一生產因素的市場需求曲線及市場供給曲線，如圖 12－5 所示，圖中橫座標表示生產因素的數量，縱座標表示生產因素的價格，D_LD_L 線爲生產因素的市場需求曲線，S_LS_L 則爲生產因素的市場供給曲線，此兩曲線相交於 E 點，此 E 點代表生產因素市場的均衡點，由 E 點決定此生產因素的價格爲 OW，而生產因素的交易量或僱用量則爲 ON。如果市場價格高於 OW 而爲 OW_1，則生產因素供過於求，透過供需雙方的競爭，價格必將下跌。如果市場價格低於 OW 而爲 OW_2，則生產因素供不應求，其價格必將上漲，唯有當價格等於 OW 時，生產因素的供給量等於需求量，價格不再變動，此一價格即市場的均衡價格。

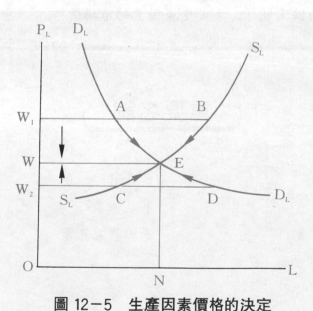

圖 12－5　生產因素價格的決定

摘　　要

　　所得分配有兩種不同的概念，一是功能性的所得分配，是總產量如何在不同生產因素之間的分配。另一種是個人的所得分配，是所得如何在不同個人之間的分配。

　　爲顯示個人所得分配的概況，及所得分配不平均的程度，可利用羅蘭氏曲線，或基尼係數加以表示。

　　影響個人所得的因素有二，一是個人所擁有的各種生產因素的數量，一是不同生產因素的價格，個人所得即其所擁有的各種生產因素的數量與其價格相乘積的總和。因此爲研究個人所得分配，必須研究生產因素的價格是如何決定的。

　　生產因素的價格，理論上亦決定於生產因素的市場需求與市場供給。生產因素的需求決定於生產因素的邊際收益產量，即生產因素的邊際實物產量，與產品的邊際收益的相乘積。由此可引申出生產因素的市場需求曲線。如果同時亦能引申出生產因素的市場供給曲線，即可透過市場的供需關係，決定生產因素的市場價格。

重要名詞

功能性所得分配　　　　　　　個人所得分配

羅蘭氏曲線　　　　　　　　　基尼係數

引申性需求　　　　　　　　　邊際收益產量

生產因素的需求曲線

◢ 作業題 ◣

問答題:

❶ 功能性的所得分配與個人所得分配，意義有何不同？

❷ 試說明羅蘭氏曲線的意義。

❸ 何謂引申需求？其與直接需求的性質有何不同？

選擇題:

(　)❶ 如果羅蘭氏曲線的形態愈彎曲，則表示　(A)所得分配不受影響　(B)社會財富愈多　(C)所得分配平均　(D)所得分配愈不平均。

(　)❷ 我們大體上都以基尼係數來表示　(A)經濟體系的成長　(B)物價的增加率　(C)所得分配的平均度　(D)以上皆非。

(　)❸ 如果基尼係數之數值為1，則表示　(A)所得分配日益改善　(B)所得分配完全平均　(C)所得分配日益惡化　(D)所得分配完全不平均。

(　)❹ 現今臺灣地區的所得分配愈來愈不平均，貧富差距持續擴大，則臺灣地區的基尼係數會愈來愈　(A)小　(B)大　(C)接近0　(D)接近0.5。

(　)❺ 在所得分配絕對平均的情況之下，則羅蘭氏曲線的形態為　(A)對角直線　(B)半圓形曲線　(C)一曲線　(D)直角垂直線。

(　)❻ 如果臺灣地區平均國民所得提高，而基尼係數保持不變時，貧富之所得絕對差距有何變動？　(A)縮小　(B)擴大　(C)固定不變　(D)無法決定。

(　)❼ 多雇一單位生產要素所增加的成本，我們稱之為　(A)平均成本　(B)邊際成本　(C)平均總成本　(D)邊際因素成本。

(　)❽ 如果廠商所有生產因素投入的邊際產出與其投入價格之比值都相

等時，則下列的敘述中，何者爲正確　(A)此時爲投入的邊際產值等於投入的價格　(B)此時爲邊際產出爲最大　(C)此時爲最大利潤產出與最低成本組合　(D)此時爲最低成本的組合。

( )❾在甚麼條件之下，可使廠商達到成本極小？　(A)對所有因素而言，其邊際收益產出值均相等　(B)對所有因素而言，其邊際實物產出值均相等　(C)對所有因素而言，其邊際實物產出除以因素價格之值均相等　(D)對所有因素而言，其邊際收益產出等於邊際因素成本。

( )❿倘若一個廠商的邊際收益產出大於邊際因素成本，則該廠商　(A)已達利潤之極大　(B)已達成本之極小　(C)應該減少生產因素之雇用量　(D)應該增加生產因素之雇用量。

( )⓫如果一個廠商在產品市場是價格接受者，則其　(A)邊際產值等於邊際收益產出　(B)邊際產值小於邊際收益產出　(C)邊際產值大於邊際收益產出　(D)無足夠資訊判斷邊際產值是否與邊際收益產出相等。

( )⓬廠商追求最大利潤下的生產投入使用法則爲　(A)投入價格等於產出價格　(B)投入的邊際產出等於其投入價格　(C)投入價格等於產品的邊際收益　(D)投入的邊際產值應等於其投入價格。

( )⓭一個追求利潤極大的廠商，其雇用生產要素的最適準則爲　(A)邊際收益產出等於邊際因素成本　(B)價格等於邊際成本　(C)邊際收益等於邊際成本　(D)邊際產值等於邊際因素成本。

( )⓮當成衣業對紡織原料的需求增加以後，則其紡織原料的價格通常會　(A)下降　(B)上升　(C)不變　(D)無關。

( )⓯廠商的因素需求曲線，即其　(A)平均收益產出曲線　(B)邊際收益產出曲線　(C)平均實物產出曲線　(D)邊際實物產出曲線。

第十三章 工資與地租

學習目標

研讀本章之後，希望同學們對以下的主題有所瞭解

1.工資的意義

2.工資的種類

3.勞動供給曲線的意義

4.完全競爭的勞動市場決定工資率的準則

5.集體議價情況下決定工資率的準則

6.工資水準差異的原因

7.地租的意義及其發生的原因

8.地租的種類：差別地租與絕對地租

9.地價的決定準則

第1節　工資的意義與種類

工資是生產者對勞動者提供勞動所支付的報酬，亦可視為勞動的價格。生產者為了進行生產，必須僱用勞動者，而對勞動者提供的勞動，必須付以一定的報酬，此報酬即為工資。工資對勞動者言為所得，對生產者言，則構成其生產成本的一部分。

工資按支付的方式可分為計時工資與計件工資。計時工資乃以一定的工作時間為標準，凡工作滿一定時間者即可獲得定額的工資，如每日工資，每周工資，或每月工資皆是。凡以勞動成果作為支付工資之標準者，則稱為計件工資，如縫衣一件工資若干元，耕田一畝工資若干元皆是。現代工商業中多以計時工資為主，在農、礦、服務等業中仍有計件工資。

工資按是否以貨幣支付，可分為貨幣工資與實物工資。凡工資以貨幣支付者即為貨幣工資，凡工資以實物支付者即為實物工資。農場僱用農業勞工，常支付稻穀等實物作為工資。在物價惡性膨脹時期如戰時，亦有採用食米計算工資者。唯在現代經濟社會，多以貨幣工資為主。

按是否排除物價變動以顯示工資所代表的購買力，可分為名目工資及實質工資。名目工資即以支付的貨幣數量所表示的工資；實質工資乃將名目工資以物價指數調整後的工資。如果貨幣工資不變，物價水準亦不變，則名目工資與實質工資一致。如貨幣工資不變，而物價水準上漲，則名目工資雖不變，實質工資將降低。故實質工資可顯示工資所能代表的購買力。

第 *2* 節　勞動的供給

　　工資既是勞動的價格，故工資水準亦是由對勞動的市場需求，與勞動的市場供給所決定。關於勞動的市場需求，在上一章已有說明，本節將說明勞動的供給。

　　無論就某一特定地區或特定職業，勞動的市場供給是由該地區或該職業中全部勞動者所決定的，因此為分析勞動的市場供給，必須先分析個別勞動者對勞動的供給。

　　個別勞動者具有一定的勞動力，他可以將其勞力受僱於生產者以換取所得，即工資。他亦可以不勞動，完全過一種自由自在的生活。但是他如果不勞動，一方面他不能獲得工資收入，另一方面勞力亦無法儲存，以供他日使用，勞力不使用即告消失。勞動者在提供勞力時，其時間亦受到一定的限制，因為一天只有二十四小時，除勞動外，還要睡眠，要從事其他的休閑活動，或照顧子女，如果一天從事勞動的時間太久，必感到過分疲勞而無法恢復。同樣一星期只有七天，七天內他所能從事勞動的時間亦有一定的限制，然則他如何決定對勞動的提供量？

　　因為從事勞動雖能獲取工資收入，但在勞動時卻需支付體力，集中注意力。工資收入能購買各種產品，滿足勞動者的各種物質慾望，故工資對勞動者有正的效用。但勞動本身在超過一定時間後，卻會在生理上及心理上產生痛苦，這種痛苦並將隨勞動時間的延長而遞增，故勞動對勞動者言會產生負效用。勞動者在提供其勞動時，必須衡量正負兩項因素，此決定其勞動的供給量。通常勞動者在提供一定的勞動量時，如果由工資收入所獲得的邊際效用，足以補償他因勞動所產生的邊際負效用，並且還有剩餘，則會增加其勞動的供給量。反之，如果由工資收入所獲得的邊際效用，不足以補償他因勞動所產生的邊際負效用，則會減少其勞動的供給量。因此在一定的工資水準下，勞動者所願意供給的勞動量，

必使其由工資所獲得的邊際效用，剛好足以補償他由勞動所產生的邊際負效用。

如果工資上漲，則每單位勞動所能獲得的收入增加，其所代表的邊際效用亦增加，爲補償其因勞動所產生的邊際負效用，勞動者將願意提供更多的勞動。因此一般的，當工資率高時，勞動者勞動的供給量多，工資率低時，勞動的供給量少。不過當工資水準高到某一程度以後，勞動者對勞動的供給量可能又隨工資率的上漲而減少。其原因是，隨工資率的上漲，對勞動者將產生兩種影響或效果。一種影響可稱爲工資變動的替換效果，因提供勞動所能獲得的收入增加，勞動者願意減少其休閑的時間，增加勞動的時間，故勞動的供給量將增加。另一種影響可稱爲工資變動的所得效果，即工資率上漲以後，勞動者以同樣時間的勞動，可獲得比以前爲多的收入，有助於其生活之改善，此時他可能更重視休閑生活，可能會減少勞動的時間，增加休閑的時間。因他雖減少勞動的時間，其收入不至於會減少，仍會增加。當工資水準未上漲到某種程度時，替換效果可能大於所得效果，因此隨工資的上漲，勞動者會增加其勞動的供給量。但當工資水準上漲超過某種程度時，勞動者因收入已多，很可能工資率上漲的所得效果會超過其替換效果，因此工資率上漲後，勞動者對勞動的供給量，不但不會增加，反而會減少了。

吾人可將工資率與個別勞動者對勞動供給量之間的關係，畫成一條曲線，此即如圖 13－1 所示。圖中橫座標表勞動的供給量，縱座標表工資率，$S_L S_L$ 即是這樣的一條曲線。當工資率低於 W_1 時，隨工資率的上漲，勞動的供給量會增加，這表示工資率上漲的替換效果大於所得效果。當工資率爲 W_1 時，此時勞動的供給量達到最大，爲 N_1。但當工資水準高於 W_1 時，隨工資水準的上漲，勞動的供給量不但不增加，反而減少了，這表示工資率上漲的所得效果，大於其替換效果。此一 $S_L S_L$ 曲線即個別勞動者勞動的供給曲線。因其在 A 點以上又向縱座標回彎，故稱其爲向後回彎的勞動供給曲線。

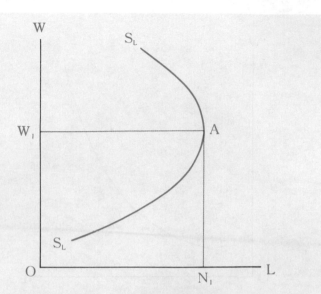

圖 13－1　個別勞動者對勞動供給的供給曲線

正斜率 $S_L A$ 的部分是因為工資變動的替換效果大於工資變動的所得效果；後彎 $S_L A$ 的部分是因為工資變動的替換效果小於工資變動的所得效果。

理論上每一勞動者皆有一勞動的供給曲線，吾人若將同一地區或同一職業的所有勞動者勞動的供給曲線相加，即可獲得某一地區或某一職業勞動的市場供給曲線，此如圖 13－2 所示，$S_L S_L$ 即為此一供給曲線。此曲線中吾人未畫出其向後回彎的部分，不但因為大多數勞動市場的工資率，尚未高到使多數勞動者工資變動的所得效果大於其替換效果，同時亦因為對多數勞動者言，其替換效果總比所得效果為大，故勞動的市場供給曲線，一般的便是由左下方向右上方延伸的曲線。

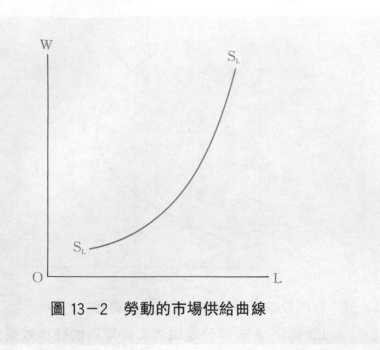

圖 13－2　勞動的市場供給曲線

第3節　完全競爭市場工資率的決定

現代有關工資率的決定有兩種形態，一是完全競爭市場工資率的決定，一是透過集體議價工資率的決定，茲先說明完全競爭市場工資率的決定法則。

所謂完全競爭的勞動市場，即勞動的需求者與勞動的供給者人數均甚多，沒有任何一供給者或需求者能影響工資率的決定，工資率完全透過勞動的市場需求與市場供給決定。政府亦無最低工資法或最高工資法的限制。在此一市場，每一勞動者的品質與效率完全一樣，供需雙方對勞動市場有關的情報完全瞭解。凡合乎此種條件的勞動市場，吾人即可稱其為完全競爭的勞動市場。

在此一市場，如果吾人瞭解勞動市場的供給曲線與需求曲線，即可決定勞動的工資率。圖 13－3 中 $D_L D_L$ 為勞動的市場需求曲線，$S_L S_L$ 則為勞動的市場供給曲線，此兩曲線相交於 E 點，此為勞動市場均衡點。由 E 點

所決定的工資率爲 W_0，此工資率可稱爲均衡工資率，因在此一工資率之下，勞動的需求量等於勞動的供給量，既無供過於求的現象，亦無供不應求的現象，工資率將告穩定不變。如果工資率高於 W_0 而爲 W_1，則出現勞動供過於求的現象，勞動者相互之間的競爭，必迫使工資率下降。隨工資率的下降，勞動的供給量減少，勞動的需求量則增加，最後趨於 E 點，工資率將穩定於 W_0。反之，如工資率低於 W_0，則需求者相互之間的競爭，必促使工資率上漲，最後仍將達到 W_0。其次，E 點所決定的勞動的數量，即代表實際的勞動僱用量或就業量，吾人亦可稱其爲均衡就業量。

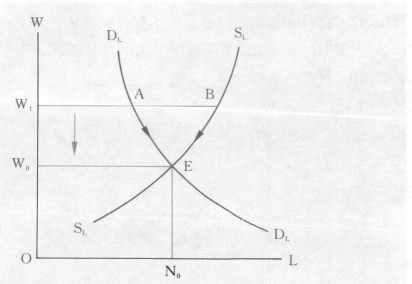

圖 13-3　完全競爭市場工資率的決定：均衡工資率 W_0 和均衡就業量 N_0。

第 *4* 節　集體議價的工資率

由於工會組織的發達，現代除少數職業的工資率是透過完全競爭市

場決定外，大多數職業或產業中的工資率，多透過集體議價而決定。所謂集體議價，係由工會代表勞動者，與僱主的代表透過談判以決定工資，及其他有關勞動者的福利事項。在談判過程中，工會為爭取勞動者的權益，對工資水準的要求往往較高。而僱主為了降低生產成本，對工資的承諾往往盡可能的壓低。工會常有一最低的保留工資，如僱主希望支付的工資低於此一最低保留工資，則工會決不接受，而希望最後所決定的工資率盡可能超過此一最低保留工資。反之，僱主方面則有一最高保留工資，如工會所提要求超過此一最高保留工資，則僱主亦決不會接受，而希望最後所決定的工資率，盡可能低於此一最高保留工資。如果工會的最低保留工資低於僱主的最高保留工資，則集體議價可順利達成。至於實際的工資率則決定於工會及僱主雙方談判的技巧，一般經濟情況，及一般失業情況。通常由集體議價所決定的工資率，常較完全競爭市場所決定的工資率為高。

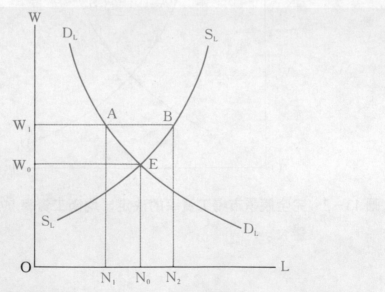

圖 13-4　集體議價的工資率 (W₁) 及就業量 (N₁)，此時有非自願性失業 N₁N₂。

　　由於集體議價所決定的工資率，常較完全競爭市場所決定的工資率

為高，故勞動者的僱用量或就業水準，亦常較完全競爭的情況為低。此可用圖 13－4 表示。圖中 D_LD_L 及 S_LS_L 分別代表完全競爭市場勞動的需求曲線及供給曲線，其交點 E 決定完全競爭的工資率 W_0，及勞動的僱用量 N_0。如果集體議價所決定的工資率為 W_1，則勞動的供給曲線不再是 S_LS_L，而是 W_1ABS_L。因為工資率如果低於 W_1，則勞動的供給量為零，工會會員不會接受此一工資率。如工資率等於 W_1，則勞動的供給量為 W_1B 或 ON_2，如實際的工資率高於 W_1，則隨工資率的上漲，勞動的供給量將增加。此時勞動的需求曲線仍為 D_LD_L。透過此一新的供需關係，在工資率為 W_1 的情況，實際勞動的僱用量不是 N_0，而是 N_1，比 N_0 為少。但此時勞動的供給量為 N_2，其超過 N_1 的數量 N_1N_2，便找不到被僱用的機會。因為這些勞動者在此一工資水準下願意就業，但卻找不到就業的機會，故一般稱其為非自願性的失業。

第5節　工資水準的差異

不同國家之間，工資水準往往有很大的差異。例如美國的工資水準較高，而一般發展中國家的工資水準則較低。墨西哥是美國的鄰國，但墨西哥的工資水準則比美國低得多，因此墨西哥的勞動者多願意到美國找工作，甚至不惜出之於偷渡。同時在任何一國之內，不同的職業之間，工資水準亦有很大的差異，醫師，會計師的工資，遠較一般勞動者為高。而技術勞動者的工資亦較非技術勞動者為高。何以不同國家之間的工資率，以及同一國家不同職業之間的工資率，會有差異？這可從影響勞動供需的有關因素加以說明。

不同國家之間，自然資源的稟賦，生產技術的高低，經濟開發的程度，以及勞動者的相對數量，資本設備的豐裕程度，均有不同。一般的，如果自然資源豐富，生產技術較高，資本設備充足，經濟開發的程度亦高，則勞動者因為有大量的資本設備，優越的技術，及豐富的自然資源

的配合，其邊際生產力自然很高。相反的，如一國天然資源貧乏，資本設備不足，生產技術落後，經濟尚未開發，則其勞動的邊際生產力亦低。邊際生產力決定勞動的需求，因此前者對勞動的需求高，後者對勞動的需求少，透過兩國各自的勞動供需關係，便決定其不同的工資水準，此可用圖 13–5 加以說明。(a)圖係表示自然資源豐富，生產技術較高，資本設備充足，經濟開發程度亦較高國家的勞動的供需關係，例如美國。(b)圖則係表示自然資源貧乏，生產技術落後，資本設備不足，經濟開發程度亦較落後國家勞動的供需關係，例如墨西哥。由圖形可看出前者所決定的工資水準為 W_0，後者所決定的工資水準則為 W_1，W_0 遠較 W_1 為高。

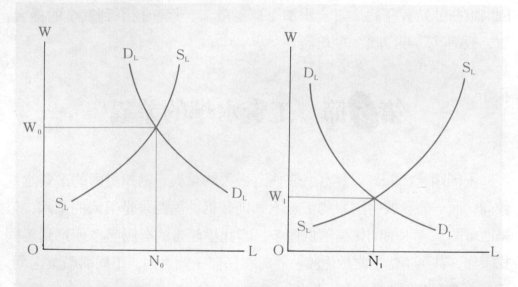

圖 13–5　不同國家工資水準的差異

　　　　(a)圖表示經濟較發達的國家，工資率為 W_0；(b)圖表示經濟較不發達的國家，工資率為 W_1。W_0 大於 W_1。

　　至於一國之內不同職業之間工資水準之差異，亦可透過勞動的供需關係加以說明。因為工資雖為勞動者提供勞動所獲得的報酬，但工資僅代表金錢利益，勞動者所關心的，尚有金錢以外的非金錢利益，如職業

的安全性，社會對該項職業的評價，該項職業可任職時間的久暫，職業升遷的難易。凡職業的安全性高，社會對該項職業的評價高，該項職業不受體力及年齡的限制，升遷很容易，則職業的非金錢利益高。反之，凡職業的安全性低，社會對該項職業的評價低，該項職業受到體力及年齡的限制等，則該項職業的非金錢利益低。凡是非金錢的利益低者，透過社會利益均等法則的作用，必會在金錢利益上求得補償，亦即此項職業中勞動的供給必少，而需求則相對的高。另外，如此項職業需要接受特殊的訓練與教育，或需要特別的投資，亦必會影響其勞動的供給。勞動的供給既少，透過勞動的供需關係，其工資水準自然比較高，此所以醫師，會計師，職業運動員，演藝人員，一般的工資水準皆較高。而非技術工人，商店職員，店員，一般的工資水準則較低也！

第6節　地租的意義及產生的原因

第二項功能性的所得為地租。所謂地租是使用土地不會毀滅的，天然具有的生產力，支付給土地所有人的報酬。在第六章吾人分析生產因素的意義時，曾說明土地具有不增性，不能移動性，及具有生長力及負載力。因其具有生長力，故種植農作物時，必須使用土地。因其具有負載力，故可在土地上建築房屋，供居住或作工業廠房之用。因土地在生產過程中對吾人有貢獻，故在使用土地時，必須支付土地所有人以一定的報酬，此報酬即稱之為地租。

土地本為天然存在之物，非人力所創造，何以吾人在使用土地時，必須支付土地所有人以地租？這除了土地具有生長力及負載力以外，更因土地具有不增性及不能移動性。因土地具有不增性，故相對於人類對土地的需求，土地便顯得相對的稀少。因土地具有不能移動性，故不能將土地由對土地需求少的地區，搬運到對土地需求多的地區；例如臺北市人口稠密，對土地的需求高，但吾人卻不能將偏僻鄉村的土地搬來臺

北市。另一個重要的原因，則是土地具有報酬遞減的特性，如果在同一塊土地上，增加資本與勞力的使用，最後其報酬終將遞減，亦即生產成本將遞增。正因土地具有生長力及負載力，而且具有報酬遞減的特性，同時土地亦具有不增性及不能移動性，因而相對於人類的需求，土地便顯得相對的稀少，故在使用土地時，吾人必須對土地所有人支付地租。至於土地是否爲私有，則不是產生地租的原因。因土地不管是私有，抑公有，也不管是土地使用人自己所有，抑是向他人租用，地租總是存在的。如土地爲使用人自己所有，則地租歸使用者自己享有。如土地係向他人租用，則地租爲地主所取得。

土地雖爲天然存在之物，但目前各國除荒無人煙尚無人居住的地區外，凡爲人類所已經使用的土地，都由使用者投下了大量的資本與勞力，對土地加以改良，如整地，灌漑，施肥等。這些資本與勞力已與土地密切結合而不能分，對於這些結合於土地的過去的資本與勞力，在利用土地時亦必須付以報酬，這些報酬則不包含在地租之內，地租僅指對「素地」的報酬，亦即對土地原始具有的生長力及負載力的報酬。因此在現代社會實際所付出的地租中，必須扣除對過去所投放的資本及勞力所應付的報酬，剩下的才是眞正的地租。

第7節　差別地租與絕對地租

地租按其產生的過程，可分爲差別地租及絕對地租兩種。茲先說明差別地租的意義及地租額如何決定。

土地雖爲天然存在之物，但由於土壤中所含礦物質及有機質的差異，氣溫的高低，雨量的多少，故不同土地其肥沃程度亦有差異。同時由於地理位置的關係，有些土地交通甚爲便利，如平原，河邊，有些土地交通甚爲不便，如山區，高原。當人口甚爲稀少而土地可以任意取用時，人類爲種植糧食以維持生命，必先選擇地位最便利，土壤最肥沃的土地

以供使用。人類使用資本與勞力在土地上種植糧食，糧食收穫後在市場出售所獲得的收益，僅能支付使用資本與勞力的成本，不可能有任何剩餘，此時不可能有地租。但當人口不斷增加，對糧食的需求亦不斷增加時，糧價將告上漲。爲生產更多的糧食，當最肥沃的土地已全部被使用後，人類必將使用肥沃程度較差的土地。此類土地生產力較低，當由於糧價已上漲，故耕種此等土地所獲得之收益，將能支付生產成本，但不會有剩餘。而肥沃程度最高之土地，因爲糧價已漲，其收益不但能支付生產成本，且開始有剩餘，此剩餘即構成最肥沃土地的地租，地租因此產生，此項地租即稱爲差別地租。

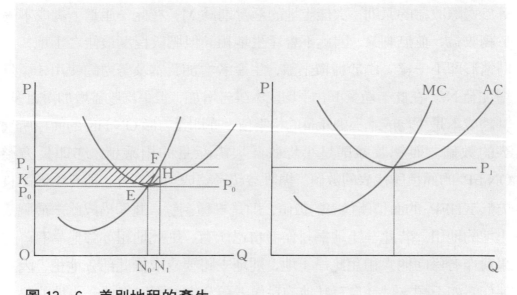

圖 13－6　差別地租的產生

　　(a)圖中的土地因較肥沃，所以產生了 P_1KFH 部分的地租。

　　爲說明差別地租如何產生，吾人可用圖形加以說明。(a)圖爲最肥沃土地的成本結構，若人口稀少肥沃土地相對充裕的時候，爲了生產糧食的需要，僅耕種最肥沃土地即可。此時透過糧食市場的供需關係，糧食的市場價格爲 P_0，依據邊際收益等於邊際成本的法則，糧食的生產量則爲 N_0。在此一產量下，糧食的價格亦等於最低平均生產成本。因此由耕種最肥沃的土地所生產的糧食，其總收益剛好足夠支付生產成本，亦即

勞動者的工資與資本的利息，沒有任何剩餘，因此沒有地租。至於肥沃程度較差的土地則不會用於耕作，因在此種土地上耕種，所化成本較高，而收益則低於成本，即有損失，因此不會加以使用。

　　當人口不斷增加，對糧食的需求日增，促成糧食價格的上漲。由於糧價上漲，不僅在最肥沃的土地上，會增加資本及勞動的使用以增加產量，而肥沃程度次佳的土地，此時亦開始加以使用，生產糧食。(b)圖即次佳土地的成本結構，當糧價為 P_0 時，此土地不會用於生產，因生產所得收益不足以支付成本。但當糧價上漲至 P_1 時，此一價格已等於次佳土地的最低平均成本，因而次佳土地開始被使用加入生產。依據邊際成本等於邊際收益的原則，次佳土地的產量則為 M，在此一產量下總成本等於總收益，並無剩餘，因此不會產生地租。但肥沃程度最佳之土地，此時情形即不一樣。由於糧價上漲，生產者增加資本及勞力的使用，產量增加至 N_1。在此一產量下，平均成本雖告增加，但平均收益增加得更多。其總成本是平均成本與總產量的相乘積，亦即長方形 ON_1HK 的面積所代表的數值。而總收益則是平均收益與總產量的相乘積，亦即長方形 ON_1FP_1 的面積所代表的數值。總收益超過總成本的部分，即有陰影的長方形 $KHFP_1$ 的面積所代表的數值，即是一種剩餘，此即構成此一最肥沃土地的地租。若此一土地為耕作者自己所有，則此地租亦歸他享有。如果耕作者係向他人租用此一土地，則地主將要求取得此部分地租，因為耕作者如不願支付，自有其他的耕作者願意支付而取得此一土地的耕作權也。任何耕作者支付地租取得最肥沃土地的耕作權，與不支付地租耕作次佳土地，除支付地租與否外，其他的成本是一樣的。在此一情勢下，次佳的土地便稱為邊際土地。

　　隨人口的不斷增加，糧價繼續上漲，為滿足對糧食的需求，不但最肥沃的土地及次佳土地會增加資本及勞動的使用，以增加糧食的產量，而肥沃程度更差的土地也開始被使用。此時次佳土地也開始產生地租，而最佳土地的地租則增加。此一情勢繼續發展，終將使所有的土地都用於種植糧食，再無閒置不用的土地存在。然而人口的增加是不會停止的，

隨糧價的上漲，連最差的土地，由種植糧食所獲得之收益，亦超過其因使用資本及勞力所支付的成本，而有剩餘，此剩餘即為地租，於是連肥沃程度最差的土地，使用者亦必須支付地租。此種超過差額地租的金額，便稱為絕對地租。在現代社會可說使用任何土地皆須支付地租，即是由於此種絕對地租存在的關係。

第8節　地租與地價

地租是使用土地本身不會毀滅的生產力，向地主所支付的代價，不是土地本身的價格。但土地在現代社會亦是一種財產，土地本身亦可買賣，因此亦有市場價格，即地價。不同土地地價的差異，可能至為懸殊，例如在臺北市的繁華地區，如南京東路三四段，忠孝東路三四段，一坪土地的價格可能高達新臺幣兩百多萬元。但在偏僻的鄉村，如果交通不便，水源缺乏，地質貧瘠，一甲土地也不過十數萬元。土地的價格差異何以如此之大？地價又是如何決定的？表面上看，地價亦是決定於市場供需關係。在都市中由於土地的供給有限，而土地的需求，由於居住及商業的發展，不斷增加，於是地價乃不斷上漲。而偏僻的鄉村地區，由於交通不便，水源不足，地質貧瘠，對土地的需求有限，因此地價不高。但實際上地價的高低與地租之間有密切的關係。因為土地也是一種財產，吾人持有土地可以獲取收益，此種收益可以分為兩類，一類是由土地可以獲取地租收入，另一類是使用土地作為建地，興建房屋自己居住，亦即自行享受土地所提供的勞務。以獲取地租收入來講，同樣的資金如從事其他投資，所獲得之收益，如低於以同樣資金購買土地所獲得之地租，則多數人均將購買土地，於是土地的價格便將上漲，最後必將使得同樣資金無論從事其他投資，或是購買土地，所獲得之收益或地租，差不多相等，則地價不會再大幅變動。將資金從事其他投資，其收益數量，大抵可以用市場利率來衡量，而購買土地所獲得之收益，則以地租率來衡

量。再以直接享用土地所提供的服務言，其價值等於租用同等土地所必須支付的地租，而現在則土地為自己所有，其地價亦應等於租用的同等土地之地價。由上述兩種情況的分析，可見地價是一種還原價格，亦即是由土地所能獲得的地租額所決定的。由於資金用於其他投資，其收益率可用市場利率衡量，因此地價，地租及市場利率三者的關係，可用下列公式表示，即

$$地價 = \frac{地租}{市場利率}$$

例如某塊土地每年可獲地租六十萬元，市場利率為年利百分之六，則此塊土地的地價，大致為一千萬元左右，因

$$\frac{600,000}{0.06} = 10,000,000$$

因一千萬元投資於其他用途，獲利約為六十萬元，而投資於土地，所獲地租亦為六十萬元也！當然實際的地價可能比一千萬元較高或稍低，這尚受其他因素的影響。例如在某些社會對有土地的人，其社會形象較佳；因土地不會遺失，不會損壞，其風險較小，在這種社會，地價可能比一千萬元稍高。反之，如政府對土地所有人特別課徵重稅，社會一般對地主不具好感，則地價可能比一千萬元稍低。總之此一土地的地價大致在一千萬元左右，不會相差太大。當然如果市場利率降低，或預期物價水準會膨脹，基於保值或投機因素，地價可能不正常的上漲，如民國七十七年，臺灣各都市的地價大幅上漲就是由於這種原因。

摘　　要

　　工資是勞動者提供勞動所獲得的報酬。工資可分為計時工資與計件工資，貨幣工資與實物工資，名目工資與實質工資。

　　個別勞動者勞動的供給曲線，是一根向後回彎的曲線。向後回彎的原因，是由於工資上漲的所得效果，超過工資上漲的替換效果。將同一職業或同一地區個別勞動者勞動的供給曲線相加，即得勞動的市場供給曲線。

　　在完全競爭的勞動市場，工資率透過勞動的市場需求，與勞動的市場供給決定。在集體議價的情況，工資率則由工會代表勞動者與僱主談判決定。集體議價的工資率一般均較完全競爭的工資率為高。

　　地租是使用土地原始的不可毀滅的生產力，支付給地主的報酬。地租之所以會發生，是由於土地的供給固定，不能移動，及其有報酬遞減的現象。

　　地租可分為差別地租及絕對地租。差別地租是由於土地的肥沃程度有差異，人口的增加使糧食價格不斷上漲，在逐漸使用肥沃程度較差的土地時，在肥沃程度較高的土地上，便產生收益的剩餘，此即差別地租。絕對地租是當所有的土地都被使用以後，任何一塊土地在生產上都有超過生產成本以上的剩餘，此即絕對地租。

　　地價是一種還原價格，大致上等於由土地所獲得的地租額，除以市場利率。

重要名詞

計時工資與計件工資　　　　　　　　貨幣工資與實物工資

名目工資與實質工資　　　　　　　地價

工資上漲的替換效果　　　　　　　工資上漲的所得效果

利益均等化法則　　　　　　　　　向後回彎的勞動的供給曲線

地租　　　　　　　　　　　　　　完全競爭市場的工資率

差別地租與絕對地租　　　　　　　集體議價的工資率

作業題

問答題：

❶ 何謂計件工資？能否舉出三件計件工資的實例？

❷ 在民國四十及五十年代，我國的勞動者一般多願意加班，但六十年代以後，多數勞動者則不再願意加班，你能否解釋其原因何在？

❸ 說明差別地租如何產生？

❹ 說明地租與地價之間的關係。

選擇題：

( )❶在經濟理論上，對生產要素的需求，我們稱之為 (A)總合需求 (B)最後需求 (C)引申需求 (D)超額需求。

( )❷在經濟循環周流中，家計單位在因素市場上扮演什麼角色？ (A)生產因素的需求者 (B)生產因素的供給者 (C)有時是生產因素的供給者，有時是生產因素的需求者 (D)當生產因素的需求者的機會較大。

( )❸下列敘述中，那一因素可提高勞動的生產力？ (A)專業化 (B)勞動素質提高 (C)生產技術的進步 (D)以上皆是。

( )❹當工資率上漲時，因提供勞動所能獲得的收入增加，勞動者會減少休閒活動，而增加勞動時間，此種現象稱為 (A)替換效果 (B)所得效果 (C)產量效果 (D)價格效果。

( )❺就正斜率的勞動供給曲線而言，下列敘述中，何者為真？ (A)勞動者對休閒生活的重視遠超過金錢 (B)工資率上漲的所得效果大於其替換效果 (C)工資率上漲的所得效果小於其替換效果 (D)工資率上漲的所得效果等於其替換效果。

( ) ❻個別勞動供給曲線後彎的原因主要是 (A)所得效果大於替換效果 (B)所得效果小於替換效果 (C)所得效果爲零 (D)替代效果爲零。

( ) ❼倘若勞動市場均衡發生在勞動供給曲線回彎的部分，則如果對勞動的需求增加，則會使得 (A)就業量減少但工資上升 (B)就業量減少但工資不變 (C)就業量增加但工資下降 (D)就業量及工資皆增加。

( ) ❽若廠商發現資本的價格（即利率）上升，但勞動價格（即工資）不變，廠商在追求利潤極大的前提下，此時會發生 (A)生產過程將變得更資本密集 (B)產品平均成本下降 (C)產品邊際成本下降 (D)廠商將設法以勞動取代資本。

( ) ❾廠商對勞動的最適需求決定於勞動的 (A)邊際轉換率 (B)邊際替代率 (C)邊際實物生產量 (D)邊際效用。

( ) ❿勞動供給不會受到下列何種因素的影響？ (A)一國的人口成長率 (B)移民 (C)工資 (D)每人使用的資本。

( ) ⓫保留工資是指 (A)在這工資之下，廠商才願意雇用勞工 (B)在這工資之下，工人才願意提供勞務 (C)在這工資之上，廠商才願意雇用勞工 (D)在這工資之上，工人才願意提供勞務。

( ) ⓬差別地租的概念隱含著 (A)不同時間土地的地租不同 (B)不同地方的土地會有不同的地租 (C)地主對土地的租佃者差別歧視 (D)不同地主採取不同租金。

( ) ⓭所謂的「差別地租」，意謂著 (A)地租的差異是因爲政府的管制 (B)地租的多寡取決於土地所有者訂價政策上的差異 (C)地租的差異乃因地主差別取價的緣故 (D)地租的多寡取決於頭等土地與次等土地之間品質上的差異。

( ) ⓮地租與地價間的關係爲 (A)地租即爲地價 (B)受到利率影響，利率愈高，相同地租之地價愈低 (C)受到利率影響，利率愈高，相同地租之地價愈高 (D)彼此沒有絕對的關係。

( ) ⓯如果一塊土地一年可收取 200 元地租，並假定年利率爲 0.05，則

這塊土地的價值應該多高呢？ (A)8,000 元 (B)4,000 元 (C)3,000 元 (D)2,000 元。

( )⑯如果工人預期物價上漲，則會導致 (A)勞動的供給曲線右移 (B)勞動的供給曲線左移 (C)勞動的需求曲線左移 (D)勞動的需求曲線右移。

( )⑰若勞工預期物價上漲，則總合供給曲線的影響是 (A)總合供給曲線右移 (B)總合供給曲線左移 (C)總合供給曲線不變 (D)以上皆非。

( )⑱工資下降將造成下列何種結果？ (A)勞動供給曲線往左移 (B)勞動供給量增加 (C)勞動供給曲線往右移 (D)勞動供給量減少。

第十四章 利息與利潤

學習目標

研讀本章之後，希望同學們對以下的主題有所瞭解

1. 利息的意義
2. 利息的各種學說
3. 利息水準決定的兩種理論：投資儲蓄說與可貸資金說
4. 利潤的意義
5. 利潤的各種學說
6. 利潤在現代經濟中的功能

第 *1* 節　利息的意義

　　利息是指在資本市場使用貨幣資本的勞務所支付的報酬而以貨幣表示者。在本書上冊討論生產因素的意義時，吾人曾說明資本是幫助生產的工具，主要是指機器設備及廠房等。但站在個別生產者的立場，只要握有貨幣資本，即能購買機器設備從事生產，故貨幣亦為資本的一種。生產者若自己並無足夠的貨幣，往往可以透過資本市場，向他人借入以資應用。但借入他人的貨幣，除到期應如數歸還外，還必須支付一定的報酬，此項報酬即一般所稱的利息。

　　吾人所研究的應為純粹利息，但在現代社會所付的利息中，除純粹的利息外，還包含其他的因素。首先，貨幣資本的貸出不一定皆能保證償還，因此具有相當的風險，利息中皆含有這種風險的補償在內。其次貨幣資本的借貸常須辦理一定的手續，利息中亦包含有此項手續費。同時，物價水準並非絕對穩定，如果物價水準上漲，名目的利息不變，實際所代表的購買力降低，為了補償這種因物價上漲所造成的損失，利息中亦可能將其包含在內。包含這些因素在內的可稱為商業利息。

　　利息占本金的百分比稱為利率。利率的計算可以年為單位，稱為年利率。亦可以月或日為單位，稱為月利率或日息。例如年利率若為百分之六，稱為年利六厘。月利率若為千分之六，稱為月利六厘。因此月利六厘合年利則為年利七厘二。利息到期後若不計入本金，而本金則繼續生利，則稱為單利。利息到期後若滾入本金，再一併繼續生利，則稱為複利。

　　一般所謂市場利率不止一種，以貸出時間之長短為準，有長期利率及短期利率。銀行依貸出款項還是接受存款，有放款利率及存款利率。同是放款，依抵押品之有無，有信用放款利率及抵押放款利率。接受存款則依存款性質的不同，有活期存款利率，定期存款利率及儲蓄存款利

率。同是定期存款及儲蓄存款，亦依存款時間之長短，訂出不同的利率。利率雖有多種，但相互之間常有一定的關係存在，或保持一定的差額，故本章為簡便計，假定利率只有一種。

第2節　利息的各種學說

借貸貨幣資本何以要支付利息？學者之間曾提出多種學說，較重要者有下列諸種：

1.忍慾說　認為貸款者所以有貨幣資本能借予他人使用，乃由於他犧牲了一部分消費，而以所節省的金錢充作貨幣資本。但減少消費，等於犧牲了慾望的滿足，心理上及生理上必感到某種痛苦，利息即是對這種痛苦的補償。

2.時間偏好說　認為人類的生命有限，而未來的情況則充滿不確定的因素。因此對現在能確實掌握的財貨，評價比較高，對將來才能掌握的同樣財貨，評價則比較低。要吾人放棄現在財貨交換未來財貨，除非將來能收回同價值的財貨外，還能有額外的補償，否則吾人不願意放棄現在財貨，這種額外的補償即是利息。而利率水準則決定於吾人時間偏好率的高低。

3.迂迴生產說　認為現代的生產不是直接生產，而是迂迴生產，即是先生產各種生產工具，再以此生產工具生產最後產品。吾人所以要採用迂迴生產的方式，是因為此方式的生產力比較高，猶如以手直接捉魚，不如用魚網捕魚所獲得的漁獲量多。但採用迂迴的生產方法，不但所需要的時間較長，而且在生產各種工具時，先要有各種生活資源，供生產者消費，使其有充分的時間完成其生產過程。而貨幣資本之借貸，即能使得生產者能儲存必要的生活資源，因而對提高生產力有所幫助。貨幣資本之借貸既有提高生產力之功能，因此必須自產品中提出一部作為它的報酬，此報酬即為利息。

4.流動性偏好說　此說認為貨幣資本比任何其他資產具有高度的流動性，吾人保持貨幣不但隨時可供交易之用，並且可以預防發生任何意外事件時，供特別支出之用。同時吾人若持有貨幣在手，可隨時利用市場有利的機會，為自己賺取額外的收入。而其他資產，則沒有這種方便，因此要吾人放棄這種流動性，將貨幣資本借予他人使用，必須予吾人以適當的補償，這種補償即是利息。關於流動性理論，在本書第二十一章討論貨幣與金融時，將有進一步的說明。

第③節　利率水準的決定——投資儲蓄說

市場利率水準的高低究竟是如何決定的？理論上有兩種不同的解釋，一是新古典學派的投資儲蓄說，不考慮貨幣因素。另一種則是現代的可貸基金說，除考慮投資與儲蓄外，尚考慮貨幣因素。先說明投資與儲蓄說的內容。

此說認為利率是資金使用的價格，因此利率水準決定於市場供需關係。資金的市場需求來自於企業家投資的需要，企業家為了投資，必須購買各種生產設備，僱用勞工，購買原料，因此必須取得資金。為投資目的所需資金的數量受到利率的影響。因為利率代表投資的成本，一般利率高時，投資的需求量少，利率低時，投資的需求量多，此可用圖14－1表示。圖中橫座標表投資量與儲蓄量，縱座標代表利率水準。II曲線即是投資曲線，它是一根由左上方向右下方延伸的曲線，表示利率高時，投資的需求量少，利率低時，投資的需求量大。

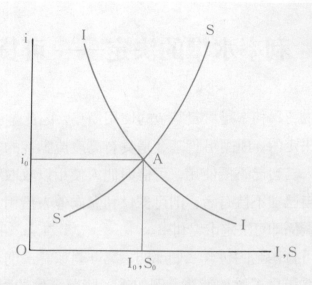

圖 14-1　投資儲蓄決定利率水準

　　至於資金的供給則來自於儲蓄。所謂儲蓄即是所得中未用於消費的部分，此部分可借予他人使用。一般的，如市場的利率高，則儲蓄量大。因利率高，未來由儲蓄所能獲得之收益多，一般人多願減少目前的消費，而增加儲蓄。反之，如市場利率低，則儲蓄量少。因利率低，由儲蓄所能獲得之收益少，一般人寧願增加消費，而不願儲蓄。此用圖形表示，即圖 14-1 中之 SS 曲線，此為一根由左下方向右上方延伸的曲線，表示利率低，儲蓄量少，利率高，儲蓄量多，SS 線即儲蓄曲線。

　　投資曲線與儲蓄曲線相交於 A 點，由 A 點即決定了市場利率水準為 i_0，因為唯有當利率水準等於 i_0 時，投資量等於儲蓄量，資金的需求等於資金的供給，利率水準不再變動。如果實際的利率高於 i_0，則資金有供過於求的現象，透過供給者的競爭，利率必下降。如果實際的利率低於 i_0，則資金有供不應求的現象，透過需求者的競爭，利率必上升。唯有利率水準等於 i_0 時，資金市場才能達到均衡，故 i_0 可稱為均衡利率水準。在此均衡利率水準下的投資量 I_0 等於儲蓄量 S_0，可分別稱為均衡投資量與均衡儲蓄量。此即投資儲蓄決定利率的理論。

第4節　利率水準的決定——可貸基金說

　　可貸基金說認為利率是可貸基金的使用價格，因此是由可貸基金的市場供需關係決定的。所謂可貸基金是具有高度流動性的貨幣資金，具有此項資金的人若自己不擬使用，可借與他人使用以收取利息報酬。需要使用資金而自己並不持有者，則可支付利息向他人借用，透過此一基金的市場供需關係即可決定市場利率。

　　通常需要可貸基金的包含三個部門，第一是家計部門。家計部門需要可貸基金通常是為了增加消費，例如為了購買高價的耐久性消費財，手邊若沒有足夠的儲蓄，便需要向資金市場借貸。第二是廠商部門。廠商為了增加投資，若自有資金不足，則可向市場或金融機構借貸，如發行公司債或向銀行借貸。第三是政府部門。政府需要可貸基金有兩項原因，一是政府國庫短期間財政收入不足以支應財政支出，為了短期調度，可向市場借入資金，如發行國庫券，短期公債，或向銀行融資。另一個原因是基於政策的目的，若政府認為市場資金過多，有促成利率下跌，或物價膨脹之虞時，亦可以向市場吸收資金，暫時加以凍結，以維持市場的穩定。

　　至於這三個部門對可貸基金需求數量如何決定？對家計部門及廠商部門言，其需求量決定於市場利率的高低。一般而言，如市場利率低，則需求量大，如市場利率高，則需求量少。至於政府部門對可貸基金的需求量，受利率的影響少，而受財政及金融政策方面的考慮多。因此將這三個部門對可貸基金的需求相加，便得到可貸基金的市場需求，利率低，需求量多，利率高，需求量少。以圖形表示，即為圖 14－2 中的 $L_D L_D$ 曲線。圖中的縱座標表示利率水準，橫座標表示可貸基金的數量，$L_D L_D$ 即為可貸基金的市場需求曲線，是一根由左上方向右下方延伸的曲線，隨利率的降低，需求量將增加。

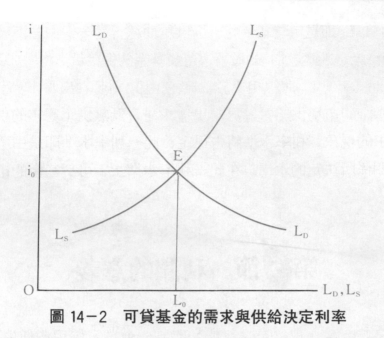

圖 14－2　可貸基金的需求與供給決定利率

　　在市場供給方面，能提供可貸基金的亦有三個來源：一是家計部門。其主要來源為儲蓄，亦即所得中未用於消費的剩餘，家計部門若目前不擬使用，即可以貨幣形態借與他人使用，以獲利息。二是廠商部門。其主要來源亦為廠商的儲蓄，其中包含資本設備的折舊提存，公積金，以及未分配紅利。對於這些儲蓄，廠商目前若不予利用，亦可以貨幣資金形態，提供他人使用，通常都透過金融機構出現於資金市場。第三是政府部門。政府部門提供可貸資金，通常是出於政策的考慮，若政府認為市場資金不足，有導致利率上漲或經濟衰退時，則可透過各種政策工具，增加貨幣的供給量。因為唯有政府能主動的創造貨幣，這些新增加的貨幣，便構成市場上新增的資金。將這三種來源的可貸基金的供給相加，便構成可貸基金的市場供給。

　　至於可貸基金的供給量如何決定？通常亦決定於市場利率的高低。市場利率高時，家計部門及廠商部門均願增加其儲蓄量，因利率高，由儲蓄所能獲得的收益亦高，增加儲蓄對其有利，因而可貸基金的市場供給量亦多。反之，市場利率低時，家計部門及廠商部門的儲蓄會減少，可貸基金的市場供給量亦將減少，故可貸基金是市場利率的增函數。在

圖 14-2 中 L_sL_s 即是可貸基金的市場供給曲線，是一根由左下方向右上方延伸的曲線，表示隨利率的增高，可貸基金的供給量亦將增加。

L_sL_s 曲線與 L_DL_D 曲線相交於 E 點，由 E 點可看出當市場利率為 i_0 時，可貸基金的市場供給量等於市場需求量，既無供不應求的現象，亦無供過於求的現象，利率水準將告穩定，此一利率水準即是由可貸基金市場供需關係所決定的水準。在此一利率水準上，可貸基金的市場交易量則為 L_0。

第 5 節　利潤的意義

　　利潤是對企業家提供企業才能的報酬。企業家僱用各種生產因素，組成生產單位，發揮決策，領導，協調的功能，不但使生產能順利進行，而且在產品銷售以後，從收益中扣除工資、利息、地租及原料動力等成本因素後，仍能有剩餘，此剩餘即成為利潤，而為企業家所獲得。此處所稱之企業家，與一般所謂管理人員，性質上有所不同。管理人員乃為僱主所僱用，從事一般性之管理工作者，其所獲得之報酬，通常亦屬工資性質。企業家除也負擔一般性管理工作外，更要負責領導、決策、協調等工作。故企業家所獲得之報酬亦包含工資在內，扣除此部分工資，以及企業家亦可能提供資金，也必須扣除他所獲得之利息，所剩餘的才是利潤。此一利潤稱為純粹利潤或經濟利潤，與一般所謂商業利潤不同，因商業利潤中可能包含有上述的隱藏的工資、利息等因素在內，扣除這些其他的生產因素的報酬後，才是純粹利潤。

　　利潤與其他生產因素的報酬，如工資、利息、地租等，在性質上有所不同。其他的報酬屬於契約性的支出，其他生產因素一旦被僱用，不論賺錢與否，一概須付以約定的報酬。而利潤則不是契約性的支出，必須在其他契約性的成本支出以後，若有剩餘才有利潤。若無剩餘，或所獲收益尚不夠支付契約性的成本支出，則利潤可能為零，亦可能為負數，

而其他生產因素的報酬則不可能為負數。

第*6*節　利潤的各種學說

以上吾人將利潤看作企業家提供企業才能的報酬，但學者之間對利潤之所以發生，曾提出了多種不同的學說，較重要者有下列幾種。

1.風險說　認為利潤是企業家在生產過程中承擔風險的報酬。因為吾人對於未來市場情況，都是不能確定的，因此在進行生產活動時，必定含有若干風險，這種風險僅能由企業家承擔。企業家承擔風險後，若預期的風險並未出現，則企業家即可透過商品價格的提高而獲得其利潤。若不幸這種風險竟成為事實，所生產的商品不能順利銷售，企業家的利潤便會成為負數。

2.獨占所得說　認為利潤是一種獨占所得。因為在完全競爭市場，當長期均衡時，生產者的平均成本等於平均收益，因此亦無利潤存在。唯有在獨占，或具有獨占因素的寡占市場，生產者的最適生產量決定於邊際成本等於其邊際收益的一點，此時其平均成本小於平均收益，因此即有剩餘而成為利潤，實際這是一種獨占所得。只要獨占市場不因競爭而消失，則獨占所得常能存在，利潤亦常能存在。

3.創新說　認為利潤是對企業家提供創新活動的報酬。創新並不是創造或發明，創造或發明是科學上的成就，將科學上的創造發明，或某種新的觀念，用在企業活動上而能成功者才是創新。企業家即是推動創新活動的人。企業家因能創新，常能推出新的產品，應用新的生產方法，開闢新的市場，找到新的資源，或運用新的經營理念或管理方法，因此常能降低生產成本，或提高產品價格，產品銷售以後即能獲得淨收益，此即企業家的利潤。但此種利潤卻不能永久保持，因為創新一旦出現之後，即會引起其他的人的模仿；當模仿者一多時，產品的供給量必增加，若需求不變，價格將下跌，原來因創新所獲得之利潤將逐漸消失。但在

現代動態社會中，創新活動是不會停止的，一旦新的創新出現，利潤又會再度出現。

4.剩餘價值說　這是馬克思所提出的理論。馬克思依據其錯誤的勞動價值論，認爲唯有勞動能創造價值，資本與土地不能創造價值。企業家的利潤則是剝削自勞動者的剩餘價值，即資本家僱用勞動者，他付給勞動者的工資，僅等於勞動者所創造的價值的一部分，另一部分便爲企業家所占有，此即勞動者的剩餘價值，而構成企業家的利潤。故利潤實是剝削勞動者的剩餘價值而成。這種剩餘價值說由於作爲其理論基礎的勞動價值論不能成立，　國父孫中山先生曾提出社會價值論予以批評，因此剩餘價值說自亦不能成立。

在本章第 5 節曾提到利潤是對企業家提供企業才能的報酬，企業才能除表現於領導、決策、協調等方面外，實亦包含風險的承擔，及創新活動在內。總之，利潤的性質與工資，地租及利息等均有所不同，而在一進步的動態社會，更有其不容抹煞的功能存在。

第7節　利潤在現代經濟中的功能

利潤在現代經濟生活中有兩項功能：第一，利潤是刺激生產活動的誘因。企業家因爲能獲取利潤，才願意從事各種生產活動，而社會大衆才能獲得各種財貨，以滿足各種物質慾望。如果企業家不能享有利潤，則企業家從事生產活動的動機喪失，不但多數人的物質慾望無法滿足，整個社會亦無法望其進步。第二，利潤是大多數投資基金的來源。根據若干實證分析，其他的所得項目，尤其勞動所得的工資，大部分均被消費，唯有利潤所得，大部分被儲蓄而用於投資。由統計資料顯示，利潤所得在所得分配中所占之比重較高者，往往其投資的數量亦相對的較多，資本形成的速度較快，而經濟成長的速度亦愈快。反之，若利潤所得在所得分配中所占之比重較少，則投資數量亦少，經濟成長的速度亦較緩。

若干共產主義或社會主義國家，因爲信仰馬克思主義，認爲利潤是剝削自勞動者的剩餘價值，因而要消滅資本家，將生產工具收歸公有，從而消滅利潤。然而事實上是一切生產工具收歸公有後，政府卻以其他名目取得更多的利潤，並以這種利潤發展所謂國有工業。另一方面因爲不許私人取得利潤，乃使一切投資、研究、創新等意願降低，導致整個經濟的效率低落。生產停滯，物資缺乏，人民生活困苦。受到這種教訓以後，大陸中共及俄羅斯現在也不得不進行經濟改革，承認利潤的誘因，也准許民間可以經營私人企業而取得利潤。這種改革，也足以證明馬克思的理論是錯誤的。

摘　　要

利息是使用貨幣資本所支付的報酬。利息占本金的百分比稱爲利率。利率可以年爲計算單位，稱爲年利率。亦可以月或日爲計算單位，稱爲月利率或日息。

使用貨幣資本何以須要支付利息？學者間有不同的學說：有忍慾說，認爲利息是支付予減少消費而忍受慾望不能獲得滿足的補償。有時間偏好說，認爲吾人重視現在財貨，若要與將來財貨相交換，必須給予額外的補償。有迂迴生產說，認爲貨幣資本能促進迂迴生產，提高生產力，故應獲得報酬。有流動性偏好說，認爲利息是放棄貨幣的流動性所獲得的補償。

市場利率如何決定？投資儲蓄說，認爲利率決定於社會投資量等於社會儲蓄量的一點。可貸基金說認爲決定於可貸基金的供給與需求。

利潤是對企業家提供企業才能的報酬。企業才能主要表現於領導，決策及協調等功能，亦表現於承擔企業風險及創新活動。

利潤所以會產生，有認爲是企業家承擔風險之報酬，有認爲這是一種獨占所得，有認爲是企業家從事創新活動的報酬，亦有認爲是剝削自勞動者的剩餘價值者。剩餘價值說　國父孫中山先生已證明其錯誤。

利潤在現代經濟生活中具有兩項功能，第一，利潤是刺激生產活動的誘因。第二，利潤是投資基金的來源。現代連共產主義國家亦承認利潤之合理。

重要名詞

純粹利息　　　　　　　　時間偏好說

商業利息　　　　　　　　迂迴生產說

忍慾說　　　　　　　　　流動性偏好說

儲蓄　　　　　　　　　　風險說

投資　　　　　　　　　　獨占所得說

可貸基金　　　　　　　　創新說

純粹利潤　　　　　　　　剩餘價值說

商業利潤

作業題

問答題：

①名目利率與實質利率有何不同？若名目利率爲年利八厘，物價膨脹率每年爲百分之五，則實質利率爲多少？

②依可貸基金説，市場利率是如何決定的？

③利潤在現代經濟生活中具有何種功能？

選擇題：

（　）①企業家因其在生產過程中的貢獻所獲致的報酬稱爲　(A)利息　(B)企業精神　(C)工資　(D)利潤。

（　）②下列那一項不是利潤的特徵？　(A)創新活動產生的報酬　(B)企業家風險承擔的報酬　(C)企業家領導的報酬　(D)運用土地、勞動、及資本所獲得的報酬。

（　）③對企業家而言，下列那一種風險無需承擔？　(A)工廠被焚毀　(B)公司卡車被偷　(C)貨品運送損失　(D)運動比賽失敗。

（　）④下列那一種風險無法投保，需要企業家自己承擔　(A)汽車被撞　(B)工廠爆炸　(C)企業經營虧損　(D)貨品運送損失。

（　）⑤「利息」在經濟學中包含有那兩種意義？　(A)貨幣的價格與風險的報酬　(B)可貸資金的價格與資本的報酬　(C)可貸資金的價格與企業精神的報酬　(D)可貸資金的價格與風險的報酬。

（　）⑥利息是　(A)錢的價格　(B)借債者去借資金時所付出的成本　(C)借債者去借錢時所收取的價格　(D)風險的報酬。

（　）⑦何以要支付利息？流動性偏好説的解釋是因爲利息是　(A)要將未來財貨與現在財貨交換所給予的額外補償　(B)放棄貨幣流動性所

獲得的補償　(C)風險的報酬　(D)民眾去借錢時所收取的價格。

(　)❽我們知道可貸資金的市場供給曲線是正斜率的，這是因為　(A)當市場越大的時候，可貸資金也越多　(B)市場利率與儲蓄有正向關係　(C)市場規模與儲蓄有正向關係　(D)市場規模與儲蓄有反向關係。

(　)❾基本上，投資與市場利率有反向關係，這是因為我們認為利率為　(A)投資所需資金的風險　(B)投資所需資金的利潤　(C)投資所需資金的成本　(D)投資所需資金的收益。

(　)❿當投資水準大幅上升（即投資曲線向右上方移動），則利率會拉高，投資與儲蓄會增加，這是因為產生　(A)資金供不應求的現象　(B)資金需求大於供給的現象　(C)市場拋售的現象　(D)資金萎縮的現象。

第十五章　國民所得的意義與估測

學習目標

研讀本章之後，希望同學們對以下的主題有所瞭解

1. 總體經濟的循環周流：生產面的國民生產毛額，分配面的國民所得毛額，支出面的國民支用毛額
2. 國民生產毛額的意義與結構
3. 國民所得毛額的意義與結構
4. 國民支用毛額的意義與結構
5. 國民生產毛額的應用及其限制

第 1 節　總體經濟活動循環周流

　　在第十二章中吾人已討論過個人所得決定的因素，及測定個人所得分配是否平均的方法，但一國的總所得如何決定及如何變動？尚未討論。一國的總所得與一國勞動的總就業量，總生產量，物價水準等均有連帶關係；而這些總計變量的變化與每個人的日常生活也息息相關。例如當一國的失業率高，個人的工作機會往往會因之減少；若一國物價的膨脹率高，對個人的生活水準往往有不利的影響。對這些問題的研究，一般稱爲總體經濟學，從本章開始，吾人將進入總體經濟學的範圍。

　　總體經濟活動千頭萬緒，究竟應於何處著手分析？總體經濟活動事實上也是一不斷重複出現的循環周流。爲觀察，估測或分析此一循環周流，吾人可由三種不同的角度或觀點加以進行，對象雖是一個，卻可獲得三種不同的概念。此三個角度即生產面，分配面與支用面。爲說明其間的關係，吾人可用圖 15−1 加以說明。

　　由圖 15−1 可知，總體經濟活動分別由生產，分配，支用形成一循環周流。亦即透過生產活動，生產出各種財貨與勞務；這種財貨及勞務的價值透過分配過程，分配給參與生產的各生產因素的所有者，成爲他們的所得；生產因素所有者再以所獲得的所得，透過支用行爲，購買他們所需要的財貨與勞務，以滿足慾望。由於這種行爲，各種財貨及勞務有了銷路，於是又引起下一次的生產活動。如此這三個不同的活動層面即構成完整的循環周流，並使此一周流能繼續不斷的進行下去而永不終止。

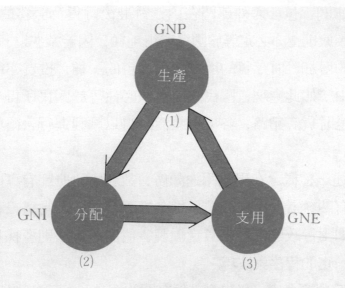

圖 15-1　總體經濟活動的循環周流

　　吾人若從生產面觀察及估測，可獲得一重要的概念，即國民生產毛額（Gross National Product，GNP），它代表一年期間生產的成果。精確一點說，國民生產毛額，是一定期間，一經濟體系透過生產活動，所生產的最後財貨與勞務，按市場價格所計算的總值。不過生產不是經濟活動的最終目的，僅是一種手段，生產的財貨與勞務是爲了供吾人使用。在現代交換經濟之下，凡參與生產的人先要透過分配過程，獲得其應有的所得，故吾人同樣可由分配面觀察與估測。由分配面吾人可獲得另一重要概念，即國民所得毛額（Gross National Income，GNI），即一定期間，所有生產因素的所有者，因參與生產所獲得的報酬總額。而此一總額，原則上一定等於國民生產毛額，因分配所產生的剩餘即是紅利，此紅利爲企業家所獲得，亦屬於所得因素之一，故包含紅利的所得總額一定等於國民生產毛額。

　　不過分配亦是一種手段，獲得所得的每一個人，爲滿足其經濟慾望，必定會透過支用行爲，購買他所需要的財貨與勞務，故吾人亦可由支用面加以觀察及估測。由支用面可獲得第三個重要的概念，即國民支用毛額（Gross National Expenditure，GNE）。所謂國民支用毛額，即一定期

間，社會各部門，包含國外部門在內，對最後財貨及勞務的支用總額。此一支用總額原則上亦必定等於國民所得毛額，因若某些財貨未能售出，則成為存貨的增加，而存貨的增加視為投資的一種，投資亦為主要支用項目之一。由於如此處理，國民支用毛額必然等於國民所得毛額。由於有支用，於是財貨有銷路，各項生產活動得以順利進行，循環周流乃得以繼續運行。

由於上述三種概念在現代用途頗廣，故各國政府都有專門機構負責估測並編定有關統計數字，公布以供各方面參考。通常這三種數字同時公布。我國則由行政院主計處負責編製，估測的方法則多採用抽樣估計的方法，有一定的程序與技巧。

在上述三項概念中，仍包含其他有關的概念，以下分別加以說明。

第②節　國民生產毛額的意義與結構

上一節已簡單說明國民生產毛額的意義，即一定期間，通常為一年，一經濟體系透過生產活動，所生產的最後財貨與勞務，按市場價格所計算的總值。對於此一定義，吾人尚須進一步說明兩點：第一，國民生產毛額中僅包含最後財貨與勞務的價值，所謂最後財貨係指完成全部生產過程，即將退出市場供直接使用的財貨。而最後勞務則為供直接消費之勞務。前者如由家計單位所購買的各種食物，衣服，飲料，日用品等；後者如醫療，交通，娛樂及家庭傭工等的服務。與最後財貨與勞務相對的，則為中間財貨與勞務，亦即尚未完成全部生產過程，不能供最後使用的財貨與勞務，如製造麵包用的麵粉，奶油，砂糖，製造成衣用的布料紗線，工廠工人所提供的勞動等。這些中間財貨與勞務的價值則不計入國民生產毛額之內，所以不計的原因，乃是因為他們的價值已移轉到最後財貨之中，若加以計算，便形成重複計算的現象，而使最後所得的結果過分高估。

但最後財貨與中間財貨往往不能由外形加以判定，同一種財貨全看使用者為誰，有時是最後財貨，有時則是中間財貨。例如麵粉若由家庭購用，做成各種餐點自行食用，麵粉便是最後財貨。但若麵粉由食品廠購買，製成各種蛋糕、麵包、餅乾供出售之用，麵粉便是中間財貨了。為了減少這種判斷上的困難，在估計國民生產毛額時，往往採取一種特殊的方法，使不會發生重複計算的現象，此方法即增值法。即在每一生產過程中僅計算所創造或所增加的價值，在每一生產過程中，以其產品的總值減去向其他生產者所購買的原料或中間財的價值，其差額即是所增加的價值。全部生產過程均如此計算，其總額即為國民生產毛額。例如某一農場，不需種籽與肥料，單憑勞力，由土地獲得十萬元價值的小麥。麵粉廠以十萬元購得此小麥，經加工後製成二十萬元價值的麵粉，食品廠購得此二十萬元的麵粉，經加工製成三十萬元價值的食品，則最後財貨為食品，國民生產毛額應為三十萬元。若吾人就每一生產過程計算，則農民所生產的價值為十萬元，麵粉廠所生產的價值亦為十萬元，食品廠所增加的價值同樣為十萬元，三項合計亦為三十萬元，與單計算食品的價值結果相同。

　　第二，國民生產毛額是依據市場價值計算。所以如此，乃是強調必須透過市場交易行為，如果未透過市場交易行為，雖有產品及勞務被生產出，仍不計入國民生產毛額之內。例如在自行居住的庭院內種植水果花卉，養畜家禽，水果成熟以後自行採摘食用，家禽所生之蛋及家禽本身，供自己食用。又如家庭主婦利用縫衣車為自己及子女縫製衣服，這些產品及勞務均不計作國民生產毛額。因為像這類並無交易行為的生產活動，件數甚多，每件的價值不高，且不易準確估計，因此將其省略不計。但由市場購買之水果及家禽，由成衣店代為縫製衣服，這些均透過交易行為，故計入國民生產毛額之內。同樣的，家庭所僱用的司機、女工，所提供的勞務為交易行為，計入國民生產毛額之內，但家庭主婦自己操持家務，所提供的各種服務，即不能計入國民生產毛額。不過此一原則也有兩項例外，一是農場所生產之各種農產品，不予出售而自行消

費的部分，仍應按市場價格估算，計入國民生產毛額。因為很多農場多屬家計經營，其目的是為了維持一家的生活，若有產品剩餘，才提供市場出售。如其自行消費的部分，計算國民生產毛額時不予計入，將使國民生產毛額過分低估，因此必須按市價加以估算。另一個例外是，自有房屋，自行居住或自己使用，其房租部分必須按市場一般標準加以估計，計入國民生產毛額之內。這是由於房屋是耐久性消費財，而且自有房屋在全部房屋中所占之比重甚高，若不計其租金，將無法瞭解其折舊情形，故亦要例外處理。

國民生產毛額並不全是當年生產的成果，因為其中有一部分是所使用的機器設備的價值，因使用過程中有所損耗而移轉到最後產品之中，故並不是當年生產的貢獻，必須將其減除，減除後的總值則稱為國民生產淨額 (Net National Product，NNP)。至於所減除的部分，除資本設備因實際使用而損耗的部分外，若生產設備雖未使用，亦必須折舊提存以資維護，這部分亦必須扣除。同時若因新資本設備出現，其技術新，生產力高，而使得原有資本設備陳舊價值降低，其降低的部分亦應減除。不過若因不可抗力而造成的資本損失，如火災，水災，地震等，這種損失則不予減除，而以其他方式處理。

國民生產淨額仍是以市場價格計算。在現代的商品價格中，一部是屬於政府向生產者所徵課的間接稅，生產者將其併入價格之中，轉嫁給消費者負擔。如政府對大部分產品均徵課貨物稅，在貨物出廠時即予繳納。另外政府尚徵課營業稅，進口的原料則需徵課關稅，這些均計入產品的市場價格之中。如果在國民生產淨額中減除政府間接稅，即為國民所得 (National income，NI)，為當年生產活動實際的貢獻。

理論上國民所得應全部分配於提供各種生產因素參與生產的人，但事實上其中一部分並未參與實際分配，必須加以扣除。另外在個人所實際獲得的所得中，亦有一部分不是他當年生產的貢獻，而屬於一種移轉支付，因此必須加進來。前者主要的為：未分配紅利，企業直接稅，及社會安全稅。原則上廠商所賺得的利潤應全部分配予股東，但實際上廠

商常保留一部分不予分配。同時政府亦向營利事業徵課營利事業所得稅，這亦由所賺利潤中支付，是企業直接稅的一種。至於社會安全稅，是現代國家多普遍採行社會安全制度，如失業保險，退休金或養老金制度。參與社會安全制度的人必須自行負擔一部分費用，這種費用往往在每月的薪俸或工資中預先扣繳。如我國公教人員參加公教人員保險，自己須負擔一部分保險費。勞工參加勞工保險，亦須繳納一部分保險費。這些費用均在每月的薪資中扣繳，故稱爲社會安全稅。至於應加進來計算的部分主要的爲社會安全給付，與政府移轉支付。所謂社會安全給付，是參與社會安全制度的人，因合乎某種條件而向政府取得某種無償給付。如我國公教人員若因疾病看醫生或住院，多不須自己付費，實際上已由政府代付。若年老退休，則可獲得一定的退休金，但退休者已不需要以工作相交換。這些皆屬於社會安全給予。至於政府移轉支付則是屬於上述社會安全給付以外的，由政府無償給予個人者，如各種災害救濟金，獎金，政府公債利息，對貧困家庭的救濟金等皆是。經過上述的減除及加進以後，則爲個人所得（Personnel income, PI），即實際分配到個人手中的所得總額。

　　個人所得並不能由個人完全支配，因爲現代各國政府都要向個人徵課個人所得稅，此屬納稅人負擔的直接稅。由個人所得扣除個人直接稅後，即得可支用所得（Disposable income, DI），此即可以完全由個人支配的所得，個人可用以消費，未消費的部分即成爲個人儲蓄。

　　以上由國民生產毛額估算可支用所得的有關程序與主要項目，可列一簡表如下：

一、國民生產毛額（GNP）

　　減：資本設備的折舊與損耗

二、國民生產淨額（NNP）

　　減：企業間接稅

三、國民所得（NI）

　　減：未分配紅利

　　　　企業直接稅

　　　　社會安全稅

　　加：社會安全給付

　　　　政府移轉支付

四、個人所得（PI）

　　減：個人直接稅

五、可支用所得（DI）

第3節　國民所得毛額的意義與結構

從分配觀點，國民所得毛額即一定期間內，生產因素的所有者，因參與生產所獲得的報酬總額。生產因素的所有者包含勞動者，土地所有人，持有資本的人，以及具有企業才能的企業家；他們提供生產因素的勞務，即勞動，土地的使用權，資本的使用權，以及企業才能，從事生產，自應獲得一定的報酬。根據不同的生產因素，這些報酬亦可分為下列幾大類。

最重要的一類即薪資所得，亦即支付給勞動的報酬。薪是指薪水，通常指支付予管理人員，腦力勞動者的報酬，亦即所謂白領工人的薪給。資是指工資，為支付體力勞動者，或直接參與生產活動的勞動者的報酬，

亦即所謂藍領工人的薪給。這兩項所得在總所得中的占有率為最大，在一般國家通常在三分之二左右。

第二類所得為財產所得，亦即由土地及土地改良物如房屋，道路等所獲得之所得，通常包含土地之地租，房屋之租金，道路之通行費等。在農業社會此項所得所占之比重較高，在工商業社會，由於工商業發達，此類所得所占之比重已降低。

第三類所得為資本所得，亦即由提供資本所獲得之利息。此處所謂資本乃指貨幣資本，因以貨幣資本供人使用，有利於生產，故應獲得利息報酬。

第四類所得為紅利所得，亦即企業家提供企業才能，組織並領導生產活動所獲得之報酬。在現代則泛指一切商業利潤而言，無論其是否已分配與股東，或營利事業保留一部分，未予分配，均包含在內。

除上述四類所得外，另有兩類所得亦包含在內。一是混合所得。所謂混合所得即不能指出它是上述四種的那一類，事實上可能每一類都有，吾人無法將其歸入於任何一類，因此統稱其為混合所得，另作單獨一類。因為現代的營利事業雖多為公司組織，但仍有甚多的獨資與合夥企業，如農場，小商店，家庭工場，小型服務業等。此種營利事業，資金，土地全為自己所有，家庭與事業難作明顯劃分，尤其很多農場屬家計經營，經營農場的目的即為維持一家之生計，因此全家人都參與勞動。這類生產單位，對自有資金並未另支利息，對自有土地未另支地租，對家庭成員提供勞動，亦未支付定額工資，甚至根本未設帳。年終估計，一年共獲所得若干，但此所得中實際包含有工資，地租，利息，甚至利潤在內，但卻無法加以精確的劃分，為方便計，乃將其另立一類，稱之為混合所得。

另一項是間接稅。所以將間接稅列進，乃是為了所獲得之國民所得毛額，能與由生產面所估測之國民生產毛額相等，因國民生產毛額中含有間接稅也。因此吾人亦可將間接稅視為政府提供服務之所得。

將上述幾項所得相加，可列一簡表如下：

一、薪資所得

二、財產所得

三、利息所得

四、紅利所得

五、混合所得

六、間接稅

國民所得毛額

第 4 節　國民支用毛額的意義與結構

國民支用毛額係一定期間內，社會各部門，包含國外部門在內，對最後財貨及勞務的貨幣支用總額。事實上在一定期間內，一國所進行的交易行為甚多，其中尚包含對二手財貨交易的行為，例如對舊房屋，已使用過的汽車，家具等的交易；也包含對有價證券的交易，如股票，公債，國庫券的買賣，在佔測國民支用毛額時，除包含這些交易的佣金外，其餘均不計算在內，而僅計算用在最後財貨的支用總額。

為佔測國民支用毛額，通常按各種支用的目的，加以分類，再分別計算後求出其總額。一般的分為四大類，即民間消費支出，民間投資支出，政府財政支出及淨輸出。

民間消費支出係指政府部門以外的民間，為消費目的所從事的支出。這種支出按所購買的財貨或勞務的性質，又可劃分為三小類。第一小類為非耐久性消費財，這種財貨往往只使用一次，或雖可繼續使用，但短期內即行損耗而不堪再使用者，如食物，飲料，燃料，衣服，化粧用品，藥品等均屬之。其中食物，飲料，燃料等，使用一次即行消耗，衣服，

化粧用品等，雖可多次使用，但短期間內即將用舊或耗損，不堪再用，故仍將其歸入非耐久性消費財項內。第二小類為耐久性消費財，如房屋，汽車，家具，冰箱，鋼琴等。此類財貨原則上可長期使用而不損壞，因吾人僅享用其所提供之服務，其本身仍存在。當然像汽車，冰箱仍有一定的使用年限，不過習慣上吾人仍將其歸入於耐久性消費財項內。第三小類為服務，即直接供消費用之勞務，如交通，醫療，金融，娛樂，休閒活動等。吾人經常搭乘各種交通工具，生病看醫生，在銀行存款，看電影，假日到各地旅遊，以及理髮，美容等，所購買的均為供吾人享用的勞務。社會愈進步，所得水準愈高，在服務方面的支出亦愈大。

民間投資支出係指政府部門以外，民間為投資目的所從事的支出。投資通常是為了增加生產設備，提高生產能量，因此投資支出按其支用的目的，亦可分為三小類。第一小類為固定資本設備，通常指機器設備的購買與裝置，其目的即是為了生產之用。第二小類為各種建築活動，其中又包含居住用或營業用之房屋建築，如住宅，公寓，倉庫，辦公大樓及廠房等。其次則為私用道路，橋梁及各項灌溉水利設施。第三小類則為存貨之增加，無論成品，半成品或原材料，若未銷售出去，或未及使用而使存貨增加者均視為投資。當然存貨亦可能減少，若減少此項投資即為負數。

政府財政支出是政府為推行政務所從事之支出。此處所謂政府包含由中央到地方各級政府在內。政府財政支出的目的，是為了公共消費與公共投資。政府為推行政務，必須僱用人員，購買各種公務用品，支出各種事務費，旅費等。這些支出都是為了滿足社會共同的需要，如維持國家的安全，社會的治安，公共衛生，司法，國防等，屬於公共消費性質。這類支出在每年政府的預算中多列為經常費。另外政府為了提供私人所不能提供的公共財，必須從事各種公共建設，這類支出便屬於公共投資，如修築道路，港口，機場，發展通訊設備，進行多目標的水利工程，以及都市中自來水，煤氣，公共汽車，地下鐵等公用事業均是。這些支出，一部分列於每年的經常預算之中，一部分則以特別預算辦理。

有些國家實行複式預算制，公共投資則另以資本預算處理之。

　　淨輸出爲由本國總輸出減去總輸入以後的餘額。如果總輸出大於總輸入，則其餘額爲正，如果總輸入大於總輸出，則其餘額爲負。因爲現代各國，隨交通及通訊制度之發達，不可能再維持閉關自守自給自足的經濟生活。基於比較利益原則，若干財貨或資源以向國外購買爲有利。如不產石油國家對原油的進口，農業國家對工業產品的進口是。除有形的財貨外，尙需購買國外的勞務，如運輸、保險，金融服務等皆是。這些向國外購買行爲，代表本國購買能力的漏出。另一方面，任何國家對生產某些特定財貨往往比他國爲有利，因此其他國家會向本國購買此類財貨，此即構成本國的輸出，是國外對我國產品的支用。由輸出減去輸入，即爲淨輸出。

　　將上述幾種支用相加，可列一簡表如下：

一、民間消費支出

　1.非耐久性消費財

　2.耐久性消費財

　3.服務

二、民間投資支出

　1.固定資本設備

　2.各類建築活動

　3.存貨變動

三、政府財政支出

　1.公共消費

　2.公共投資

四、淨輸出

　1.有形財貨

　2.勞務

國民支用毛額

第5節　國民生產毛額之應用及其限制

在前述三種概念中，以國民生產毛額最受到重視，應用亦最廣，因國民生產毛額的數值不但足以顯示一國的生產能力，且國民生產毛額的增加率亦用以表示一國的經濟成長率。唯國民生產毛額係以貨幣表示，但貨幣的購買力每年並不一樣，因此為了能作客觀的分析與比較，往往將名目的國民生產毛額，轉換為實質的國民生產毛額。所謂名目的國民生產毛額，是以當年的貨幣價值所估測的數值。所謂實質的國民生產毛額，係以當年名目的國民生產毛額，用當年的物價指數來平減或調整。例如設以某一年為基期，其物價指數為一○○，當年的名目國民生產毛額設為一千億元。第二年名目國民生產毛額為一千二百億元，若物價指數為一○五，則實質國民生產毛額等於

$$1,200\ 億 \div 105 \times 100 = 1,143\ 億$$

約一千一百四十三億元。因此就名目國民生產毛額計算成長率為百分之二十，但以實質國民生產毛額計算成長率，則約為百分之十四點三。此即代表真正的經濟成長率。

國民生產毛額的用途雖多，但亦有其限制，因國民生產僅是一數字，若干實質意義，它便無法表示。例如：第一，他無法表示生產技術的進步。由於生產技術不斷進步，某種產品雖繼續生產，但生產的方法已改變，生產的效率已提高，這些均不能由國民生產毛額來反映。第二，無法表示產品品質的改進。隨生產技術的進步，不但生產效率提高，而且產品的品質亦改進。例如過去的收音機使用真空管，現在的收音機則使用半導體，不僅體積縮小，且收聽的效率提高，無雜音且能保持原音。但這也不能由國民生產毛額顯示。第三，不能反映社會成本。所謂社會成本是指由於生產活動所引起的資源損耗，及對生態環境所造成的損害，

卻不能向任何特定的個人取償。尤其隨工業的成長所引起的這種社會成本愈高。例如，大量使用石油，各種金屬及非金屬礦產資源，這些資源均是不能再生的，多用去一分即減少一分，今天多用，後代的子孫便要少用。而且工業生產往往造成空氣及水源的污染，使自然景觀為之破壞，亦使得社會的生活環境惡化。但是這些傷害卻不能向特定的生產者取得賠償，因此稱其為社會成本，這些社會成本亦不能由國民生產毛額中顯示。第四，國民生產毛額的增加，並不一定能代表經濟福利的增加。原則上隨生產技術的進步，產品品質的提高，國民生產毛額的增加，經濟福利亦能增加。但如前所述，國民生產毛額愈高，可能所引起的社會成本愈大。同時國民生產毛額由各種產品的價值所構成，產品中有些是對經濟福利有正面的貢獻的，如供消費的各種生活必需品及便利品。亦有對經濟福利並無直接貢獻，如武器彈藥，飛機大砲。假如產品中極大部分屬於後者，則國民生產毛額愈高，可能國民的經濟福利愈低。如大陸中共，不但能生產飛機潛艇，而且能生產飛彈，今天且大量向國外輸出，製造世界各地區的戰爭。因中共將有限的資源用於生產這些產品，則用於生產供人民消費的生活必需品的資源便少，自難怪大陸人民生活困苦，自今仍為全世界最貧窮地區之一，因此其國民生產毛額雖高，人民的經濟福利卻受到犧牲。

因為國民生產毛額在應用上有這些限制，現代各國均想設計出另一套數字，俾能充分顯示經濟福利的內涵。類此的構想很多，其中較受重視的為經濟福利淨額（Net Economic Welfare，NEW），係以國民生產毛額為基礎，加以調整改變而得，因其尚未為各國所普遍接受，本書不予詳介。

摘　　要

　　總體經濟活動可分別由生產面，分配面及支用面加以觀察；由生產面可估測國民生產毛額，由分配面可估測國民所得毛額，由支用面可估測國民支用毛額。原則上三者應相等，而此三者又構成總體經濟活動的循環周流。

　　國民生產毛額是一年內，一經濟體系透過生產活動，所生產的最後財貨及勞務，以市場價格所計算的總額。爲估測國民生產毛額，一般多採用增值法。由國民生產毛額可計算國民生產淨額，國民所得，個人所得及可支用所得。

　　國民所得毛額是一年內，一經濟體系全體生產因素的所有者，因提供生產因素參與生產，所獲得的報酬總額；一般的包含薪資所得，財產所得，利息所得，紅利所得，混合所得及間接稅等項目。

　　國民支用毛額是一年內，社會各階層，包含國外部門，爲各種經濟目的，對最後財貨及勞務，以貨幣所支用的總額；包含民間消費支出，民間投資支出，政府財政支出，及淨輸出等項目。

　　國民生產毛額雖應用廣泛，但仍有其限制，因其不能顯示生產技術的進步，產品品質的提高，社會成本的概況，及經濟福利的增進，故現代各國多希望設計另一套指數予以代替，其中較受重視的則爲經濟福利淨額。

重要名詞

總體經濟活動循環周流　　　　　國民生產淨額

國民生產毛額　　　　　　　　　國民所得

國民所得毛額　　　　　　增值法

薪資所得　　　　　　　　國民支用毛額

利息所得　　　　　　　　民間消費支出

財產所得　　　　　　　　民間投資支出

紅利所得　　　　　　　　政府財政支出

混合所得　　　　　　　　淨輸出

間接稅　　　　　　　　　經濟福利淨額

個人所得　　　　　　　　社會成本

可支用所得

作業題

問答題：

❶ 試解釋國民生產毛額（GNP），國民所得毛額（GNI），及國民支用毛額（GNE）的意義。

❷ 試述如何由國民生產毛額計算可支用所得？

❸ 構成國民支用毛額的主要項目有幾？試列舉並簡述其內容。

❹ 何謂最後財貨？其與中間財貨有何不同？

選擇題：

（　）❶國民生產毛額意指一個經濟社會在某一段時間內，所生產的　(A)國民所生產財貨最後價值　(B)國民所生產財貨與勞務的市場價值　(C)國民所生產的所有最後財貨與勞務的市場總價值　(D)所有勞務的最後價值。

（　）❷我們稱在一年以內一國所生產之最終財貨與勞務按市場價值計算之總和是　(A)NNP　(B)PI　(C)NI　(D)GNP。

（　）❸所謂附加價值（即所增加的價值）是指　(A)利潤總和　(B)中間投入　(C)總產值　(D)總產值減去原料或中間投入的餘額。

（　）❹試問民間消費、政府消費、企業投資淨額（意即扣除資本折舊）與出口淨額之和為何？　(A)國內生產毛額（GDP）　(B)國民生產淨額（NNP）　(C)國民生產毛額（GNP）　(D)國民所得（NI）。

（　）❺在臺灣地區的國民所得會計中，「依市價計算之生產淨額」是指　(A)國民生產毛額（GNP）　(B)國民生產淨額（NNP）　(C)國民所得（NI）　(D)個人所得（PI）。

（　）❻在臺灣地區的國民所得會計中，「依要素成本計算之國民所得」是

指　(A)GNP　(B)NNP　(C)NI　(D)PI。

(　　)❼應計入 GNP 中的非市場生產性活動有　(A)農場生產的農產品供市場出售的部分　(B)自用住宅的租金　(C)二手貨　(D)移轉性支付。

(　　)❽國民所得估測的三種概念，以那一種方法應用最爲普遍　(A)國民生產毛額　(B)國民所得毛額　(C)國民支用毛額　(D)國民生產淨額。

(　　)❾下列對國民生產毛額的敍述何者爲非　(A)國民生產毛額可顯示一國的生產能力　(B)國民生產毛額的增加率即爲經濟成長率　(C)國民生產毛額可顯示一國的生產技術　(D)國民生產毛額無法反映經濟福利的增進。

第十六章　總供給函數與總需求函數

學習目標

研讀本章之後，希望同學們對以下的主題有所瞭解

1. 總體經濟分析的理論架構：供需分析
2. 總供給函數的引申
3. 總需求函數的引申
4. 總供需函數的應用

第❶節　總體經濟分析的理論架構

　　上一章分別由生產面，分配面及支用面，說明國民生產毛額，國民所得毛額及國民支用毛額的意義，以及其結構與估測的程序。但是由分析的觀點，總生產量，所得水準，甚至物價水準，理論上是如何決定的？長期間何以會變動？如何變動？本章將進一步研究這些問題。

　　總體現象與個體現象一樣，亦是以供需分析為其理論架構。此處所謂供是指總供給函數，需是指總需求函數，透過這兩種函數的引申與應用，即可瞭解有關總體變數的各項水準是如何決定並如何變化。此由上一章總體經濟活動循環周流圖，亦可看出，吾人若由生產面分析，生產決定總產量，亦即決定總供給，故由總生產函數，理論上可引申出總供給函數。由支用面分析，支用決定總需求，故由支用面即可引申出總需求函數。此兩函數即構成總體分析的理論架構。

第❷節　總供給函數的引申

　　個別廠商的總產量決定於其生產函數，同樣經濟體系的總產量亦決定於總生產函數。所謂總生產函數，即總產量與生產因素的使用量及技術水準之間的函數關係。生產因素包括勞動的就業量，資本存量，及生產資源的數量。如果生產技術不變，則生產因素的數量愈多，總產量亦愈多。如果生產因素的數量不變，技術水準愈進步，則總產量亦愈多。以符號表示，總生產函數亦可表示如下：

　　　　$O = f(N, K, R, T)$

函數中 O 表總產量，N 表勞動的就業量，K 表資本存量，R 表資源數量，

T 則表技術水準。

　　勞動的就業量決定於勞動者的人數，一般的勞動品質，及勞動市場的結構。勞動者的人數，與一國的人口數密切有關，原則上一國的人口多，勞動者的人數亦多，人口少勞動者的人數亦少。至於勞動者的品質，則決定於勞動者的健康狀態，人口的平均年齡，勞動者的教育程度等。如勞動者的一般健康狀態良好，則其他因素相同，勞動的品質則較高。反之，勞動者一般健康狀態不佳，則勞動者的品質便較低。今天若干發展中國家，由於普遍貧窮的關係，公共衛生及醫療設備均不足，同時由於營養較差，勞動者的一般健康狀況，均不如經濟高度開發國家。

　　人口的平均壽齡或生命期望值，不僅影響勞動者得以從事勞動的年數，而且也影響勞動力的結構。通常將年滿十五歲至六十歲的人稱為活動人口，低於十五歲或超過六十歲的人稱為非活動人口。因為年滿十五歲到六十歲的人，可以參與勞動市場，而低於十五歲的人口，尚須接受國民教育，高於六十歲的人口則大部分均已退休，兩者均不屬於勞動人力。如果人口的平均壽齡超過六十歲，則一生中有四十五年可以從事勞動。若人口的平均壽齡不足六十歲，僅有五十歲，則一生中能從事勞動的僅有三十五年。同時由於人口的平均年齡低，嬰兒與兒童人數在總人口中所占的比例高，每一活動人口所須撫養的依賴人口便較多，這對勞動的品質亦有不利影響。

　　勞動者的教育程度決定其接受生產技術訓練的能力。教育程度低甚至是文盲的勞動者，無法閱讀，自難接受現代生產技藝的訓練，不容易成為技術勞動者，僅能從事非技術的體力勞動。反之，教育程度高的勞動者，便容易接受生產技藝或專業的職業訓練，很容易成為技術勞動者，其生產力便高，同時其所能獲得的工資亦高。

　　資本存量是社會所累積的生產設備的數量。資本的存量多，便表示生產能量大，反之資本設備少，便表示生產能量低。生產設備一般包含社會固定資本，及直接用於生產的機器設備與廠房。社會固定資本亦稱社會基本設施，包含港口，鐵路，公路，航道，水利灌溉設施，動力及

通訊設施，以及各種公用事業等。這些社會固定資本大部分由政府興建提供。這些社會固定資本為一切生產活動的必要條件。至於直接用於生產的資本，則為各種機器，廠房，辦公用房屋，運輸工具等。因為現代生產均是間接生產，若一國的資本存量多，而且效率高，勞動者平均所能使用的資本量多，自然比使用資本量少者，其生產力高。今天高度開發國家勞動生產力所以高，即是由於這些國家資本存量多，平均每一勞動者所能使用的資本量亦多的緣故。

生產資源主要指天然資源而言，不僅包含狹義的土地，也包含地下的礦產，地面上的森林，河流中的漁業資源，以及影響工農業生產活動的溫度，雨量，日照等。這些生產資源不僅提供若干產品，直接即可使用，而且更可透過工業加工過程，製造出多種產品，以滿足人類的各種慾望。故一國生產資源的數量豐富者，其生產能力大，美國所以能成為世界經濟大國，其生產資源豐富亦為原因之一。反之，若一國之生產資源貧乏，則其生產能力低，如非洲若干沙漠中國家，如蘇丹等國，既多沙漠，亦不產石油，其生產能力即低。

技術水準是從事生產時所運用的技巧。技術水準不僅表現於有形的機器設備上，例如老式的手工織布機，與現代完全自動化的織布機相比，自然後者的技術水準高。同時表現於人與資本設備的關係上，若不能使用適當的人操作機器設備，則生產技術亦無從表現。生產技術的高低與科學的發展密切相關，十八世紀八十年代開始的產業革命，可說是生產技術的首次革命，不但以自然的蒸汽動力，代替人力，獸力，風力，水力，而且以機器代替人工，使生產力大為提高。二次世界大戰後，電腦的發明與應用，又帶來了第二次的技術革命，使原來無法由人力處理或計算的問題，改由電腦處理，於是又促進了生產力的提高，管理方法的革新，生產過程逐漸趨向於自動化，節省了勞力的使用，使人類能享受更多的休閒生活。

根據以上總產量與四項生產因素數量或水準之間的關係，大體上如果物價水準高，則生產者可望賺取更多的利潤，因此生產的意願亦高，

總產量亦多。反之如物價水準低，生產者獲利的機會少，因此其生產的意願亦低，總產量亦少。總產量與物價水準之間具有相當的函數關係，即物價水準低，總產量少，物價水準高，則總產量多。用圖形表示，總供給曲線如圖 16－1 所示，橫座標表總產量，縱座標表物價水準，AS 即為總供給曲線，它是一根由左下方向右上方延伸的曲線，表示隨物價水準的增高，總產量將增加。

　　總供給曲線並非固定不變，長期間由於資本存量的增加，或生產技術的進步，總供給曲線會向右移動到新的位置，如 AS′，表示在任何物價水準之下，總產量均增加，這種現象，吾人稱之為總供給之增加。

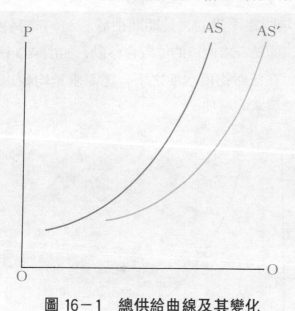

圖 16－1　總供給曲線及其變化

第 3 節　總需求函數的引申

　　由支用面吾人可以看出，社會總需求來自於民間消費支出，民間投資支出，政府財政支出，以及淨輸出。此四項合計的總支出愈大，則總需求愈大。同樣，如果其他支出不變，任何一項支出增加，則總需求亦

增加。至於影響每一項支出的因素是什麼？吾人將在以下的章節中逐項分析。

　　一般的，若其它因素不變，物價水準高，則各項支出的意願會降低，總需求亦低。反之，如果物價水準低，則各項支出的意願會增高，總需求亦高。故總需求與物價水準之間亦具有函數關係。若以圖形表示，則如圖16－2所示，橫座標表示對產品的需求量，縱座標表示物價水準，AD即是總需求曲線，這是一根由左上方向右下方延伸的曲線，表示物價水準高，對各項產品的總需求少，物價水準低，則對各項產品的總需求量多。

　　總需求亦不是固定不變的，長期間由於經濟的成長，所得的提高，總需求亦會增加，即總需求曲線的位置會移動，如由AD移至AD′，表示新的總需求曲線，在任何物價水準之下，總需求量均較以前增加，這種現象，吾人稱為總需求的增加。

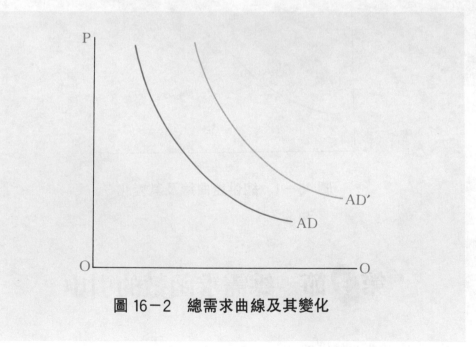

圖16－2　總需求曲線及其變化

第 **4** 節　總供需函數的應用

　　僅由總供給函數，或僅由總需求函數，均無法決定究竟總產量為多少，物價水準會是多高。吾人若將代表總供給函數的總供給曲線，與代表總需求函數的總需求曲線，畫在同一圖形內，如圖 16－3 所示，AD 為總需求曲線，AS 則為總供給曲線，此二曲線相交於一點 E，E 點即均衡點，由 E 點決定總產量為 OO，而物價水準則為 OP，此即總供需均衡時的總產量及物價水準。不僅總產量及物價水準因此決定，總產量與物價水準的相乘積，即社會的總所得，透過總產量又決定了就業水準，因為為了生產此一總產量，必須使用一定的勞動量，當然就決定了勞動的就業水準。

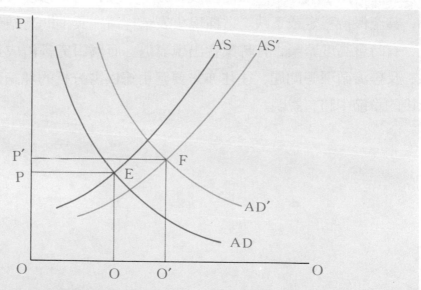

圖 16－3　總供需函數的應用
當總供給曲線由 AS 增至 AS′，總需求曲線由 AD 增至 AD′，均衡點由 E 點移至 F 點，均衡物價由 P 上升 P′，均衡總產量由 OO 增至 OO′。

　　根據總供給曲線與總需求曲線，不僅可決定短期總產量與物價水準的均衡值，以及所得水準及就業水準，長期間如果總需求曲線及總供給曲線發生變化，亦可看出總產量及物價水準變動的情形。由圖 16－3，若經過一段時間以後，總供給增加，總供給曲線向右移至 AS′的位置。同時總需求亦增加，總需求曲線亦向右移至 AD′的位置。AD′線與 AS′線相交於新的一點 F，由 F 點可看出新的均衡總產量為 OO′，較 OO 增加，新的均衡物價水準為 OP′，亦較 OP 為高。而 OO′與 OP′相乘積所代表的所得水準亦增高。由於總產量增加，就業水準可能也會提高。

　　總供需曲線用於長期分析時，可反映出若干新的經濟現象。由於總產量增加，就業水準亦可能增加，這表示長期間有經濟成長現象。由於物價水準可能有持續上漲的現象，這表示長期間可能出現物價膨脹。同時總產量增加的速度，並不是每年都是一樣，有時增加得快，有時增加得慢。而物價水準每年上漲的幅度，亦不一樣，有時幅度大，有時幅度小，甚至保持穩定或下跌。這種現象表示經濟在長期間有循環波動的現象，有時會高度繁榮，有時又會出現衰退。而為研究經濟成長，物價膨脹，及經濟循環等問題，往往亦需要應用總供需分析的理論架構，這在以後的章節中將有說明。

摘　　要

　　總體經濟分析的理論架構亦爲供需分析，一方面由生產面的總生產函數可引申出總供給函數，另一方面由支用面可引申出總需求函數。由這兩個函數，不僅短期間可決定均衡總產量，物價水準及就業水準，長期間亦可用以分析經濟成長，物價膨脹及經濟循環現象。

重要名詞

總供給曲線　　　　　　　　總需求曲線

總產量　　　　　　　　　　物價膨脹

物價水準　　　　　　　　　經濟循環

就業水準

◀ 作業題 ▶

問答題：

❶ 試述那些因素能決定一國的總供給？

❷ 影響一國勞動力的因素有那些？試擇要說明。

❸ 何以一國的輸出增加，代表總需求的增加？試解釋其原因。

選擇題：

(　)❶一國的均衡所得是由　(A)總供給及總生產共同決定　(B)總供給及總需求共同決定　(C)總需求及總支出共同決定　(D)總供給及總支出共同決定。

(　)❷下列那一項為構成總合需求的項目之一？　(A)間接稅　(B)民間消費　(C)進口　(D)政府移轉性支出。

(　)❸總需求曲線是描述　(A)外匯市場之均衡　(B)勞動市場之均衡　(C)物價水準與產出之關係　(D)物價水準與利率之關係。

(　)❹若其他情況保持不變，總需求函數向左移，則會發生　(A)總產出增加　(B)物價水準提高　(C)物價水準降低　(D)總產出增加，同時物價水準提高。

(　)❺當總供給曲線向左移時，下列那些現象會出現？　(A)產出增加　(B)所得增加　(C)物價水準下降　(D)物價水準提高。

(　)❻以下所述，何種因素會使總合供給曲線往左上方移動　(A)工資率上揚　(B)技術進步　(C)政府支出縮減　(D)貨幣供給減少。

(　)❼當商品的生產技術進步時，下列所敘述的現象，何者不會發生　(A)總供給曲線右移　(B)總需求供給曲線右移　(C)物價水準下降　(D)總產量增加。

(　)❽總供需的分析方法無法決定下列那一變數的均衡值　(A)勞動的就業水準　(B)總產量　(C)物價水準　(D)集體議價的工資率。

(　)❾當總產量增加與物價水準持續上揚，試問：這分別代表發生何種現象　(A)資本減少與物價膨脹　(B)經濟成長與物價膨脹　(C)物價膨脹與技術退步　(D)經濟成長與技術退步。

第十七章　消費與儲蓄

學習目標

研讀本章之後，希望同學們對以下的主題有所瞭解

1. 消費函數的意義
2. 平均消費傾向與邊際消費傾向
3. 儲蓄函數的意義
4. 平均儲蓄傾向與邊際儲蓄傾向

第 1 節　消費函數的意義

構成總需求的重要項目之一爲民間消費支出，亦即民間部門爲消費目的的支出。爲研究此項消費支出，吾人必須研究消費函數。

消費函數可由個人或家庭的立場來研究，則爲個人消費函數或家庭消費函數。集合全體消費者由整個社會立場來研究，則爲總消費函數，亦即個人消費函數的總和。

消費函數所要研究的問題，是影響消費支出的因素爲何？根據吾人個人的經驗，影響消費支出的因素甚多，諸如個人所得，一般物價水準，個人財富，個人性格，社會風尙，以及大衆傳播媒體上廣告的影響等。通常個人的所得高，則消費支出也多，所得低，則消費支出也少。物價水準高，消費支出少，物價水準低，消費支出會多。同樣，財富多的人，其消費支出也多，財富少的人，消費支出也少。在個人性格，有的人喜歡化錢，有的人則不喜歡化錢。有的人容易受到廣告的影響，增加消費支出，有的人不易受到廣告的影響，不輕易增加消費支出。但在上述所有因素中，除所得外，短期間其他因素不會有太大的變化，而所得則是最重要的消費支出的來源，因此短期間，假定其他因素不變，則所得爲決定消費支出最重要的因素，故消費支出可視爲所得的函數。所得高，消費支出多，所得少，消費支出少。

根據家計調查或國民所得統計的資料，消費支出與所得之間常有一相當穩定的關係，這種關係若以數學形態表示，則爲下列形態，即

$$C = C_0 + cY \qquad\qquad (17-1)$$

式中 C 表消費支出，Y 表所得，C_0 則爲自發性消費支出，即消費者爲了維持生活及生存，必不可少的最低消費支出，縱然所得爲零，亦必須支出，其數額大致可認爲固定。c 則爲所得中每一元用於消費的數額，稱爲

邊際消費傾向，其意義下一節將有解釋。

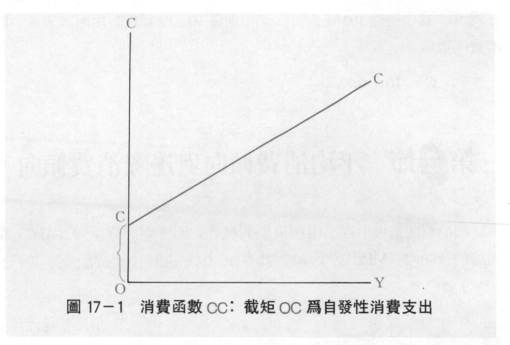

圖 17－1　消費函數 CC：截矩 OC 為自發性消費支出

將此一函數用圖形來表示，則如圖 17－1 所示，橫座標表所得，縱座標表消費支出，CC 即是此一消費函數，縱座標上的截距 OC 即表示自發性消費支出，亦即當所得為零時，亦必須支出的數額。

為易於了解起見，吾人可舉一數字例加以說明。

表 17－1　消費支出與所得的關係

Y	C	APC
0	10	……
50	50	1
100	90	$\frac{9}{10}$
150	130	$\frac{13}{15}$
200	170	$\frac{17}{20}$
250	210	$\frac{21}{25}$
300	250	$\frac{25}{30}$
……	……	……

由表中數字，當所得爲零時，消費支出爲 10，當所得爲 50 時，消費支出亦爲 50，當所得爲 100 時，消費支出則爲 90，餘類推。用函數表示，則消費函數爲

$$C = 10 + 0.8Y \qquad\qquad (17-2)$$

第2節　平均消費傾向與邊際消費傾向

由消費函數可引申出兩個重要的概念，即平均消費傾向（APC）與邊際消費傾向（MPC）。平均消費傾向即消費支出占所得的比例，用符號表示，即

$$APC = \frac{C}{Y} \qquad\qquad (17-3)$$

由 (17-1) 式及 (17-2) 式可引申出平均消費傾向爲

$$APC = \frac{C}{Y} = \frac{C_0 + cY}{Y} = \frac{C_0}{Y} + c \qquad\qquad (17-4)$$

$$APC = \frac{C}{Y} = \frac{10 + 0.8Y}{Y} = \frac{10}{Y} + 0.8 \qquad\qquad (17-5)$$

由表 17-1 可看出當所得爲 50 時，消費支出亦爲 50，故平均消費傾向爲 1，當所得爲 100 時，消費支出爲 90，故平均消費傾向爲 $\frac{9}{10}$，餘類推。由 (17-5) 式同樣可算出，所得爲 50 時，

$$APC = \frac{10}{50} + 0.8 = 1$$

所得爲 100 時，

$$APC = \frac{10}{100} + 0.8 = 0.9$$

結果一樣。由上述數字之例，可以看出平均消費傾向並不固定，所得甚低時，可能大於一，隨所得的增加，平均消費傾向則遞減。

邊際消費傾向是所得增加時，消費支出的增加量對所得增加量的比例。若以 ΔY 表所得的增加量，ΔC 表消費支出的增加量，則邊際消費傾向即為

$$MPC = \frac{\Delta C}{\Delta Y} \qquad\qquad (17-6)$$

由 (17−1) 式，

$$C = C_0 + cY$$

則

$$C + \Delta C = C_0 + c(Y + \Delta Y) = C_0 + cY + c\Delta Y$$

表 17−2　邊際消費傾向

Y	C	ΔY	ΔC	MPC
0	10			
		50	40	0.8
50	50			
		50	40	0.8
100	90			
		50	40	0.8
150	130			
		50	40	0.8
200	170			
		50	40	0.8
250	210			
		50	40	0.8
300	250			

兩式相減

$$\Delta C = c \cdot \Delta Y$$

移項

$$\frac{\Delta C}{\Delta Y} = c \qquad\qquad (17-7)$$

可見（17-1）式 Y 的係數 c 即爲邊際消費傾向。同樣（17-2）式中的 0.8，亦爲邊際消費傾向。一般的，邊際消費傾向小於一而大於零，並且相當固定，不隨所得變化而變化。此種性質吾人由前述數字之例中亦可看出。將表17-1進一步計算，列爲表17-2，當所得每增加50時，消費支出均增加40，兩者之比即0.8，固定不變。

若以圖形表示，則如圖17-2，當所得爲 OY_1 時，消費支出爲 C_1Y_1，平均消費傾向爲 $\dfrac{C_1Y_1}{OY_1}$，當所得爲 OY_2 時，消費支出爲 C_2Y_2，平均消費傾向則爲 $\dfrac{C_2Y_2}{OY_2}$，不等於 $\dfrac{C_1Y_1}{OY_1}$。當所得由 OY_1 增加爲 OY_2 時，所得的增加量爲 Y_1Y_2，消費支出由 C_1Y_1 增加爲 C_2Y_2，消費支出的增加量則爲 C_2A，故邊際消費傾向則爲 $\dfrac{\Delta C}{\Delta Y} = \dfrac{C_2A}{Y_1Y_2}$。此一數值不因所得的增加而有所變動。

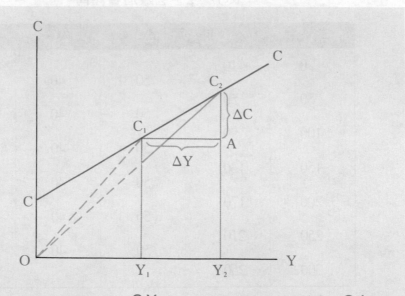

圖 17-2　平均消費傾向 $\left(\dfrac{C_1Y_1}{OY_1}\right)$ 及邊際消費傾向 $\left(\dfrac{\Delta C}{\Delta Y} = \dfrac{C_2A}{Y_1Y_2}\right)$

第**3**節　儲蓄函數的意義

無論消費者個人或全部消費者，不可能將所得全部用於消費，所得中未用於消費的部分便是儲蓄，因此儲蓄亦是所得的函數，若用 S 表儲蓄，則

$$S = Y - C \qquad (17-8)$$

用數學符號表示，如消費函數爲

$$C = C_0 + cY$$

則儲蓄函數爲

$$S = Y - C = Y - (C_0 + cY) = -C_0 + (1-c)Y \qquad (17-9)$$

若令 $1-c=s$，則上式亦可表示爲

$$S = -C_0 + sY \qquad (17-10)$$

若以圖形表示，則如圖 17-3，圖中 CC 爲消費函數，OE 爲 45°分角線，上面任何一點與兩座標之距離均相等。OE 線與 CC 線之間的垂直距離，即代表儲蓄。當所得爲 OY_0 時，CC 線與 OE 線相交於一點 A，表示在此一所得下，所得剛好等於消費，故儲蓄爲零。當所得低於 OY_0 時，CC 線在 OE 線的上方，表示消費大於所得，故儲蓄爲負。若所得大於 OY_0 時，CC 線在 OE 線的下方，表示所得大於消費，故儲蓄爲正。將不同所得下所得與消費的差額畫成直線，即

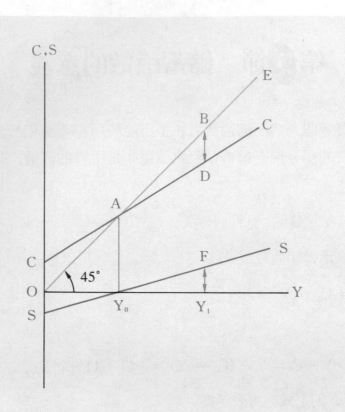

圖 17－3　儲蓄函數

OE 爲 45°分角線，CC 爲消費函數，OE 線與 CC 線之間的
垂直距離即爲儲蓄函數 SS。

圖中之 SS 線，此即儲蓄函數。此線與橫座標之間的垂直距離，等於 CC
線與 OE 線之間的垂直距離，如 OS ＝ OC，FY_1 ＝ BD。前者在橫座標之
下，表示儲蓄爲負，後者在橫座標之上，表示儲蓄爲正。

第❹節　平均儲蓄傾向與邊際儲蓄傾向

由儲蓄函數可計算平均儲蓄傾向（APS）及邊際儲蓄傾向（MPS）。

所謂平均儲蓄傾向，即儲蓄占所得的比例，用符號表示即

$$APS = \frac{S}{Y} \qquad\qquad\qquad (17-11)$$

由（17-11）兩邊同除以 Y，得

$$APS = \frac{S}{Y} = -\frac{C_0}{Y} + s \qquad\qquad\qquad (17-12)$$

由（17-12）可看出平均儲蓄傾向並不固定，當所得甚低時可能為負數，在某一所得水準下則為零，當所得水準增高時，平均儲蓄傾向亦逐漸增大。再以前舉數字為例，若 $C_0 = 10$　$c = 0.8$ 則 $s = 1 - c = 1 - 0.8 = 0.2$　代入（17-12）式，則

$$APS = -\frac{10}{Y} + 0.2$$

若 $Y = 10$，$APS = -0.8$，若 $Y = 50$，$APS = 0$，若 $Y = 100$，則 $APS = 0.1$，餘類推。

　　所謂邊際儲蓄傾向，是當所得增加時，儲蓄的增加量對所得增加量的比例，令 ΔS 表儲蓄的增加量，ΔY 表所得的增加量，則

$$S + \Delta S = -C_0 + s(Y + \Delta Y)$$

由上式兩端減去（17-10）式，得

$$\Delta S = s \cdot \Delta Y$$

兩端同除以 ΔY，得

$$MPS = \frac{\Delta S}{\Delta Y} = s \qquad\qquad\qquad (17-13)$$

由上式，一般的邊際儲蓄傾向固定不變，而 s 即代表邊際儲蓄傾向。

　　儲蓄傾向與消費傾向之間有一定的關係，因吾人已知

$$Y = C + S \qquad\qquad\qquad (17-14)$$

因所得不是用於消費，即當作儲蓄，故所得恆等於消費與儲蓄之和。將

（17-14）式兩端同除以 Y，則

$$\frac{Y}{Y} = \frac{C}{Y} + \frac{S}{Y}$$

亦即

$$1 = APC + APS \qquad\qquad (17-15)$$

即平均消費傾向與儲蓄傾向之和等於一。

又　　　　$$\Delta Y = \Delta C + \Delta S \qquad\qquad (17-16)$$

即增加的所得，不是用於增加消費，即留以增加儲蓄，故所得的增加量必等於消費的增加量與儲蓄的增加量之和。兩端同除以 ΔY，則

$$\frac{\Delta Y}{\Delta Y} = \frac{\Delta C}{\Delta Y} + \frac{\Delta S}{\Delta Y}$$

亦即

$$1 = MPC + MPS \qquad\qquad (17-17)$$

即邊際消費傾向與邊際儲蓄傾向之和等於一。

　　現將表 17-2 有關數字，重列於表 17-3，顯示所得，消費，儲蓄，以及消費傾向與儲蓄傾向之間的關係。

表 17－3　所得，消費與儲蓄

Y	C	S	APC	APS	ΔY	ΔC	ΔS	MPC	MPS
0	10	−10	－	－					
					50	40	10	0.8	0.2
50	50	0	1	0					
					50	40	10	0.8	0.2
100	90	10	$\frac{9}{10}$	$\frac{1}{10}$					
					50	40	10	0.8	0.2
150	130	20	$\frac{13}{15}$	$\frac{2}{15}$					
					50	40	10	0.8	0.2
200	170	30	$\frac{17}{20}$	$\frac{3}{20}$					
					50	40	10	0.8	0.2
250	210	40	$\frac{21}{25}$	$\frac{4}{25}$					
					50	40	10	0.8	0.2
300	250	50	$\frac{25}{30}$	$\frac{5}{30}$					

摘　要

　　若其他因素不變，消費支出決定於所得水準，所得高消費支出大，所得低消費支出少。依據家計調查或國民所得的統計資料，短期消費函數一般可寫為 $C = C_0 + cY$ 的形態。

　　消費支出占所得的比例稱為平均消費傾向，消費支出的增加量對所得增加量的比例稱為邊際消費傾向。平均消費傾向隨所得之增加而遞減，邊際消費傾向常固定不變，一般的大於零而小於一。

　　所得中未予消費的部分稱為儲蓄，故儲蓄亦為所得的函數，所得高儲蓄量多，所得低儲蓄量少。

　　儲蓄占所得的比例稱為平均儲蓄傾向，儲蓄的增加量對所得增加量的比例稱為邊際儲蓄傾向。平均儲蓄傾向隨所得之增加而遞增，邊際儲蓄傾向常固定不變，一般的亦大於零而小於一。

　　平均消費傾向與平均儲蓄傾向之和等於一，邊際消費傾向與邊際儲蓄傾向之和亦等於一。

重要名詞

消費函數	儲蓄函數
平均消費傾向	平均儲蓄傾向
邊際消費傾向	邊際儲蓄傾向

作業題

問答題：

❶ 何謂平均消費傾向及邊際消費傾向？

❷ 消費與儲蓄有什麼關係？

❸ 若消費函數為 $C=120+0.6Y$，當 $Y=1,000$ 時，平均消費傾向為多少？又邊際儲蓄傾向為多少？

選擇題：

( )❶下列何者為真？ (A)邊際儲蓄傾向與平均消費傾向之和為 1 (B)平均儲蓄傾向與平均消費傾向之和為 1 (C)平均儲蓄傾向與邊際消費傾向之和為 1 (D)平均儲蓄傾向必等於平均消費傾向。

( )❷我們令 $MPS=0.4$，$APC=0.5$ 時，APS 應等於 (A)0.2 (B)0.8 (C)0.4 (D)0.5。

( )❸若消費函數為 $C=25+0.75Y$，則 (A)$MPC=0.75$ (B)$APC=0.75$ (C)$MPC=APC$ (D)以上皆是。

( )❹如果平均消費傾向大於 1 (A)表示民眾有儲蓄 (B)表示民眾有借貸 (C)表示邊際消費傾向亦大於 1 (D)表示家計部門希望增加儲蓄。

( )❺就短期而言，消費函數之 APC 與 MPC 之關係為 (A)$APC=MPC$ (B)$APC<MPC$ (C)$APC>MPC$ (D)以上皆可。

( )❻平均消費傾向 (A)一定大於 1 (B)等於儲蓄除以可支配所得 (C)隨可支配所得的減少而下降 (D)會隨可支配所得的增加而下降。

( )❼假設民間消費函數為 $C=a+by$，($a>0$，$1>b>0$) 儲蓄函數 $S=y-C$。請問下列情況，何者不正確？ (A)$APC>MPC$ (B)APC 隨所得增加而下降 (C)$APS<MPS$ (D)APS 隨所得增加而下降。

( ) ⑧設消費函數 C＝200＋0.75Y，請問下列那一項是正確的？ (A)APS ＝0.75 (B)收支平衡時，Y＝400 (C)平均消費傾向，隨所得 Y 的 增加而遞減 (D)平均消費傾向 APC＝0.75。

( ) ⑨下列那一項敘述會使得民間消費減少？ (A)貨幣存量增加 (B)利 率下跌 (C)政府支出增加 (D)對未來景氣預期轉趨悲觀。

( ) ⑩我們知道，影響消費支出最重要的因素是可支配所得，當可支配 所得增加時，消費曲線將 (A)整條線向右移動 (B)整條線向左移 動 (C)由消費曲線的左下往右上移動 (D)由消費曲線的右上往左 下移動。

( ) ⑪就固定所得而言，當儲蓄增加，消費水準常會 (A)下降 (B)不受 影響 (C)增加 (D)可能增加，亦可能下降。

( ) ⑫如果消費函數為 C＝100＋0.8Y，其中 Y 為可支配所得，則儲蓄函 數應為 (A)S＝－100－0.2Y (B)S＝－100＋0.2Y (C)S＝100－ 0.8Y (D)S＝100＋0.8Y。

( ) ⑬依據古典學派，儲蓄為利率之 (A)遞減函數 (B)遞增函數 (C)無 關係 (D)關係不確定。

( ) ⑭假設消費函數為 C＝a＋bY，a＞0，1＞b＞0；儲蓄 S＝Y－C，請 問下列各式中，那一式是錯誤的？ (A)APC＋APS＝1 (B)MPC＋ MPS＝1 (C)APC＞MPC (D)APS＞MPS。

( ) ⑮設消費函數為 C＝100＋0.8Y，當可支配所得為若干時，預擬儲蓄 為 0？ (A)100 (B)800 (C)500 (D)200。

第十八章 所得水準決定的簡單模型

學習目標

研讀本章之後，希望同學們對以下的主題有所瞭解

1. 簡單總體模型
2. 45°線分析法
3. 儲蓄投資分析法
4. 模型的擴大：考慮財政收支與淨輸出
5. 乘數作用

第*1*節　簡單總體模型

　　根據總供需分析架構，由總供給函數及總需求函數，可以決定總產量，物價水準及所得水準。但在短期間，由於資本存量，資源數量及技術水準相當固定，因此對於決定總產量，物價水準及所得水準，總需求函數的影響較大，亦即有多少總需求，即能決定多少總產量，物價水準及所得水準。本章假定總供給能量固定，分析如何由總需求決定所得水準。

　　總需求包含四個重要項目，即民間消費支出，民間投資支出，政府財政支出，及對外淨輸出。為簡單起見，吾人先不考慮政府財政支出及對外淨輸出，假定僅有民間消費支出及民間投資支出，所得水準如何決定？

　　因為任何一項支出，在購買者是一種支付行為，但這項支付透過市場機能，必同時成為社會上某些人的所得。例如消費者購買衣服，生產者購買機器，其價款必然成為紡紗織布的勞動者，縫製衣服的作業員，鋼鐵廠，機器廠，以及批發商，零售商等人的所得。因此一方面是支付行為，另一方面同時創造了所得。亦即所得必等於民間消費支出與民間投資支出之和，若以 I 表民間投資支出，用數學符號表示，則

$$Y = C + I \qquad\qquad (18-1)$$

吾人已知消費函數的一般形態為

$$C = C_0 + cY \qquad\qquad (18-2)$$

而民間投資支出假定為一固定常數 I_0，即

$$I = I_0 \qquad\qquad (18-3)$$

以上三式即構成一所得決定的簡單模型。至於投資支出是如何決定的

吾人將於下一章提出討論。將（18-2）及（18-3）式代入（18-1）式，得

$$Y = C_0 + cY + I_0$$

移項，

$$(1 - c)Y = C_0 + I_0$$

兩端同除以（1-c）得

$$Y = \frac{1}{1 - c}(C_0 + I_0) \qquad (18 - 4)$$

吾人若知道 C_0，I_0 及 c 的數值，即可決定 Y 的數值。

設　　$C_0 = 10$，$I_0 = 30$，$c = 0.8$

代入（18-4），得

$$Y = \frac{1}{1 - 0.8}(10 + 30) = 200$$

此 200 吾人稱其為均衡所得，因為唯有當所得為 200 時，市場可達均衡狀態，對於各種最後財貨既無供不應求，亦無供過於求的現象。因為當所得為 200 時，

$$C = 10 + 0.8Y = 10 + 0.8 \times 200 = 170$$

即消費支出為 170，而投資支出為 30，兩者之和亦剛好為 200 也。如果所得水準大於 200，或小於 200，一定會發生供過於求，或供不應求的現象，所得水準不會穩定。為說明此一現象，吾人可以數字舉例如表 18-1：

表 18－1　均衡所得水準的決定

Y	C	I	C+I
100	90	30	120
150	130	30	160
200	170	30	200
250	210	30	240
300	250	30	280

上表中消費支出 C 是由所得 Y 所決定，投資支出則固定的為 30。由表 18－1 可看出若實際所得為 100，此時消費支出為 90，投資支出為 30，兩者之和為 120，表示實際所生產的最後財貨與勞務，不足供應消費與投資的需求，而出現供不應求的現象。生產者為增加供應，必增加勞動者的僱用，以增加產量。由於就業增加，生產增加，所得亦將增加，最後所得必增加至 200，此時消費支出為 170，投資支出為 30，兩者之和亦等於 200，故市場供不應求的現象消失，生產不再變動，所得亦不再變動。反之，如實際所得為 300，則由所得所決定的消費支出為 250，投資支出為 30，兩者之和僅有 280，表示市場上一定會有財貨賣不出去，亦即出現供過於求的現象。生產者為了減少生產，必然會減少勞動的僱用，於是就業減少，所得也跟著減少，最後所得必減為 200，此時消費支出為 170，投資支出為 30，兩者之和等於 200，市場供過於求的現象消失，生產不再繼續減少，所得亦不再變動。由於所得為 200 時，能維持市場的均衡，故吾人稱之為均衡所得水準。

第**2**節　45°線分析法

以上的分析亦可以用圖形的方法來說明。圖18-1中C為消費函數，I為投資函數，因為假定投資是一固定的數量，故投資函數是一平行於橫座標的直線。OF為自原點畫出的45°分角線，上面任何一點與兩個座標的距離均相等。吾人將I線與C相加而得C+I線，亦即C+I線與C線之間的垂直距離，等於I線與橫座標之間的垂直距離。C+I線與OF線相交於E點，由E點在橫座標上所決定的均衡所得水準為Y_0，由45°線的意義，知Y_0等於C+I也。

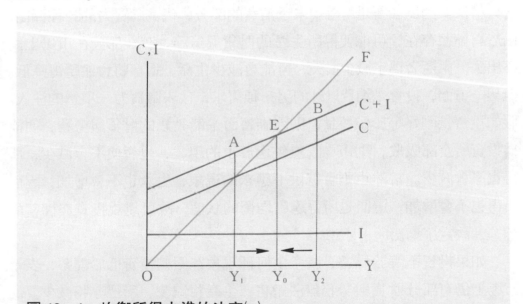

圖18-1　均衡所得水準的決定㈠

消費加投資（C+I）線與45°分角線OF交於E點，決定均衡所得水準Y_0。

若實際所得水準低於Y_0，而為Y_1，此一所得水準不可能穩定，因由Y_1所決定的消費支出及投資支出之和為AY_1，A點在45°線上方，表示C

$+I$ 大於 Y_1，市場上必有供不應求的現象，透過生產及就業的增加，所得必將增加。反之，如實際所得大於 Y_0。而爲 Y_2，此時由 Y_2 所決定的消費加投資支出之和爲 BY_2，而 B 點在 45°線的下方，表示 $C+I$ 小於 Y_2，市場上必有供過於求的現象，透過生產及就業的減少，所得亦將減少。唯有當所得等於 Y_0 時，市場才能達到均衡，旣無供不應求，亦無供過於求的現象，故 Y_0 爲均衡所得水準。

第**3**節　儲蓄投資分析法

　　以上所得決定的簡單模型，也可以用另一種方法表示，就是儲蓄投資分析法。因爲儲蓄是所得中未予消費的部分，代表購買力的一種漏出，由於有儲蓄存在，可能使得所生產的財貨與勞務，有一部分在市場上銷不出去。生產者爲了減少損失，可能會減少生產，這樣將會使所得降低。但另一方面，投資是消費以外的另一種需求，代表購買力一項新的注入。假如投資量剛好等於儲蓄量，則因儲蓄而未能銷售的財貨與勞務，便能爲投資所全部吸收，則市場旣無供過於求的現象，生產便不會減少，所得也不會減少。當然也不會有供不應求的現象，生產也不會增加，因而所得也不會增加，這便是所得達到均衡的狀態，故可以說投資與儲蓄的相等，決定了均衡所得水準。

　　如果投資不等於儲蓄，將產生何種現象？假如投資低於儲蓄，表示市場上仍有部分財貨與勞務無法銷售，生產將減少，所得亦將減少。反之，如投資大於儲蓄，表示市場上有部分產品與勞務將供不應求，生產將增加，從而所得亦將增加。因此必然會透過所得的變動，使投資量能保持與儲蓄相等。換言之，唯有投資與儲蓄能保持相等的所得水準，才是均衡所得水準。

　　吾人還可以換一個說法，由所得如何產生的觀點，所得等於消費加投資，即

$$Y = C + I$$

但由如何支配所得的觀點，所得等於消費加儲蓄，即

$$Y = C + S$$

在均衡時，此一所得水準不變，由上兩式即

$$C + I = C + S$$

兩端消去 C，即得

$$I = S \qquad\qquad\qquad (18 - 5)$$

即投資等於儲蓄。

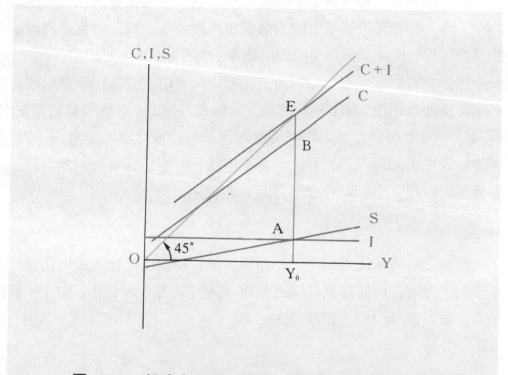

圖 18-2　投資與儲蓄的相等，決定均衡所得 (Y_0)。

用圖形來表示，則如圖 18-2，圖中 I 線為投資函數，因投資為固定常數，故為平行於橫座標之直線。S 線為儲蓄函數。I 線與 S 線相交於 A

點，表示兩者相等。由 A 點從橫座標所決定的均衡所得即為 Y_0，而此 Y_0
與由 C＋I 線與 45°線的交點所決定的均衡所得是一致的，因為 C＋I 線與
C 線的垂直距離即為投資，亦即 $EB = AY_0$。故投資儲蓄分析法與 45°線分
析法，所得的結果是一樣的。

　　最後，吾人由表 18－1 亦可看出，當均衡所得為 200 時，消費支出為
170，儲蓄為 30，剛好與投資量 30 相等。

第④節　模型的擴大

　　前三節中，對於總需求吾人僅考慮消費支出與投資支出，但由第十
六章，吾人知道總需求項目除消費支出及投資支出外，尚有政府財政支
出及淨輸出，如果將這兩項亦加以考慮，則所得水準如何決定？

　　考慮政府財政活動，除財政支出外，尚有財政收入。政府財政收入
的來源主要為租稅。國民納稅之後，其購買力減少，必影響其消費支出，
但為分析簡單起見，吾人暫不考慮財政收入，留待第二十章再予說明。
至於財政支出如何決定？吾人亦暫不考慮，而假定其為固定的常數，以
G 表政府財政支出，以 G_0 表一固定常數，則

　　　　$G = G_0$

　　淨輸出為總輸出與總輸入的差額。至於總輸出及輸入如何決定？吾
人亦暫不考慮，而假定其為固定常數，吾人以 X 表總輸出，以 IM 表總
輸入，並以 X_0 及 IM_0 表固定常數，則

　　　　$X = X_0$

　　　　$IM = IM_0$

　　根據以上的假定，吾人可將簡單模型擴大如下：

　　　　$Y = C + I + G + (X - IM)$　　　　　　　　　　　　$(18 - 6)$

　　　　$C = C_0 + cY$　　　　　　　　　　　　　　　　　　$(18 - 7)$

$$I = I_0 \tag{18 - 8}$$

$$G = G_0 \tag{18 - 9}$$

$$X = X_0 \tag{18 - 10}$$

$$IM = IM_0 \tag{18 - 11}$$

(18-6) 式表示消費支出，投資支出，政府財政支出及淨輸出決定所得，將 (18-7)，(18-8)，(18-9)，(18-10) 及 (18-11) 代入 (18-6) 式，並解出 Y，得

$$Y = C_0 + cY + I_0 + G_0 + (X_0 - IM_0)$$

$$(1 - c)Y = C_0 + I_0 + G_0 + (X_0 - IM_0)$$

$$Y = \frac{1}{1 - c}[C_0 + I_0 + G_0 + (X_0 - IM_0)] \tag{18 - 12}$$

由 (18-12) 式可看出決定所得水準的因素，除消費投資外，尚包括政府財政支出及淨輸出。

設以數字爲例，若 $c = 0.8$，$C_0 = 10$，$I_0 = 30$，$G_0 = 40$，$X_0 = 50$，$IM_0 = 40$ 代入 (18-12) 式，得

$$Y = \frac{1}{1 - 0.8}[10 + 30 + 40 + (50 - 40)] = 450$$

以圖形表示則如圖 18-3 所示，圖中除 C 及 C+I 線外，增加了 C+I+G，C+I+G+(X-IM) 等線。因爲假定投資，政府財政支出，輸出，輸入，均爲固定常數，故各線相互平行。C+I+G+(X-IM) 線與 45°相交於 E 點，由 E 點所決定之均衡所得水準則爲 Y_0。

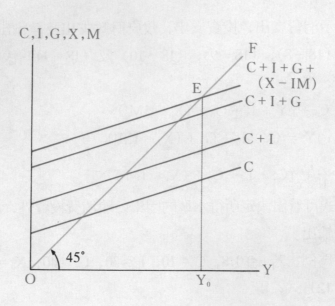

圖 18－3　均衡所得水準的決定㈡

消費加投資加政府支出加淨輸出〔C＋I＋G＋（X－IM）〕

線與 45°分角線 OF 交於 E 點，決定均衡所得水準 Y_0。

第5節　乘數作用

在上節中，當需求項目增加了政府財政支出及淨輸出之後，均衡所得水準亦增加，但新增加的需求僅有 50，即政府財政支出 40，加淨輸出 10，但所得水準卻由原來的 200，增加為 450，增加了 250，這是什麼原因？

由 (18-12) 式，吾人可看出其原因在前面的係數 $\frac{1}{1-c}$，這是一個大於一的數。括號內任何一項如果增加一單位，所得必增加 $\frac{1}{1-c}$ 個單位，當 c=0.8 時，$\frac{1}{1-c}=5$，即括號內任何一項增加一單位，所得必增加 5 單位。在上述之例中，括號內增加了 50，故所得增加了 250。這種現象吾人稱之爲乘數作用，而 $\frac{1}{1-c}$ 即是乘數，若吾人以 k 表示，則

$$k = \frac{1}{1-c} \qquad\qquad (18-13)$$

又因 1-c=s，故乘數亦可用下式表示

$$k = \frac{1}{s} \qquad\qquad (18-14)$$

爲進一步說明乘數現象，若吾人假定其他因素不變，投資量由原來的 I 增加爲 I+ΔI，則所得水準亦必增加，設由 Y 增加爲 Y+ΔY，(18-12) 式變爲

$$Y + \Delta Y = \frac{1}{1-c}[C + I + \Delta I + G + (X - IM)]$$

從上式減去 (18-12) 式，得

$$\Delta Y = \frac{1}{1-c} \cdot \Delta I = k \cdot \Delta I \qquad\qquad (18-15)$$

可看出由於投資量增加了 ΔI，所得的增加量是投資增加量的 k 倍，這就是投資量增加所產生的乘數作用，k 即可稱爲投資乘數。

同樣，吾人假定其他因素不變，亦可求出

$$\Delta Y = \frac{1}{1-c} \cdot \Delta G = k \cdot \Delta G \qquad\qquad (18-16)$$

$$\Delta Y = \frac{1}{1-c} \cdot \Delta X = k \cdot \Delta X \qquad\qquad (18-17)$$

(18-16) 式表示政府財政支出增加所產生的乘數作用，此時 k 即可稱爲財政支出乘數。(18-17) 式表示輸出增加所產生的乘數作用，此時 k 又

可稱爲輸出乘數。但是如果輸入增加，根據以上的方法，得

$$\Delta Y = \frac{1}{1-c}(-\Delta IM) = -k \cdot \Delta IM \qquad\qquad (18-18)$$

(18-18) 式表示，輸入增加時，亦發生乘數作用，但此時的符號爲負，表示所得會減少而不是增加，此時的乘數便是負的了，此乘數即輸入乘數。

由乘數的公式可看出乘數的大小決定於邊際消費傾向，邊際消費傾向愈高，乘數愈大，邊際消費傾向愈小，乘數愈小。亦同樣決定於邊際儲蓄傾向，邊際儲蓄傾向愈小，乘數愈大，反之，邊際儲蓄傾向愈大，則乘數愈小。

摘　要

　　若不考慮政府財政支出及淨輸出，消費支出與投資支出即決定均衡所得水準。以45°線分析，C＋I線與45°線之交點，由橫座標即可決定均衡所得的數值。

　　由投資與儲蓄的關係，同樣亦能決定均衡所得。因為儲蓄代表購買力的漏出，投資則代表新購買力的注入，當投資等於儲蓄時，所生產的財貨與勞務，在市場既無供不應求的現象，亦無供過於求的現象，因此當投資與儲蓄相等時的所得即為均衡所得。

　　在簡單總體模型中，考慮政府財政支出及淨輸出，所得決定的原則不變。由此一模型，當投資，政府財政支出及輸出有一增量時，則所得亦有一增量，此種現象稱為乘數現象。所得的增量常是投資，政府財政支出或淨輸出增量的若干倍，此倍數即為乘數。

　　簡單乘數決定於邊際消費傾向之大小，邊際消費傾向大者，乘數大，邊際消費傾向小者，乘數亦小。乘數亦等於邊際儲蓄傾向的倒數。

重要名詞

簡單總體模型　　　　　　　投資乘數

45°線分析法　　　　　　　財政支出乘數

投資儲蓄分析法　　　　　　輸出乘數

均衡所得

作業題

問答題:

① 已知消費函數為 C = 120 + 0.6Y，投資量為 I = 200，試求均衡所得水準。

② 根據上題之例，投資乘數是多少？

③ 依據投資儲蓄分析法，求出第 1 題的儲蓄函數，並以圖形表示所得水準如何決定。

選擇題:

( )① 當我們不考慮對外貿易部門時，GNP 等於　(A)C + I + G + S　(B)I + S + G　(C)C + I + G　(D)C + I − S。

( )② 在一開放經濟社會中，GNP 等於　(A)I + G + (X − M)　(B)C + (I − S) + (G − T) + (X − M)　(C)C + I + G + X　(D)C + I + G + (X − M)。

( )③ 假設 I = 100 − 200i，S = −40 + 0.4Y，當 i = 0.10 時，Y 和 C 之均衡值為　(A)Y = 300，C = 220　(B)Y = 100，C = 20　(C)Y = 200，C = 170　(D)Y = 400，C = 290。

( )④ 假設 Y = C + I，C = 10 + 0.5Y，I = 40，則均衡國民所得 Y 為　(A)200　(B)100　(C)400　(D)600。

( )⑤ 在簡單總體模型裡 C = 100 + 0.9Y，I = 100，Y：國民所得，C：消費，I：投資，請問均衡的國民所得是多少？　(A)2,000　(B)1,200　(C)900　(D)100。

( )⑥ 設儲蓄函數為 S = −100 + 0.5Y，當 Y = 1,000 時，消費支出為　(A)950　(B)600　(C)800　(D)500。

（　）❼若消費函數爲 C＝50＋0.9Y，投資函數爲 I＝10，當自發性消費支出增加 10 元時，國民所得將增加　(A)100 元　(B)300 元　(C)400 元　(D)500 元。

（　）❽若儲蓄函數 S＝－30＋0.5Y，投資函數 I＝120，則均衡所得水準爲　(A)Y＝400　(B)Y＝600　(C)Y＝300　(D)Y＝1,000。

（　）❾令消費(C)爲所得（Y）減去賦稅（T）之函數，即 C＝100＋0.5(Y－T)，投資 (I)＝100，政府支出 (G)＝100，T＝100 之封閉經濟，試求均衡所得之值。　(A)1,000　(B)250　(C)500　(D)1,030。

（　）❿若自發性消費爲＄200，淨租稅爲零，計畫投資爲＄1,000，淨輸出爲＄2,000，MPC＝0.4，則欲達到＄8,000 的國民所得目標，政府的購買應爲　(A)＄1,600　(B)＄2,000　(C)＄3,000　(D)＄4,000。

（　）⓫若邊際消費傾向 MPC 爲 0.5，出口若減少＄100，其他條件不變，則均衡國民所得　(A)增加＄50　(B)減少＄50　(C)增加＄200　(D)減少＄200。

（　）⓬若劉先生所得由 20 萬元增加爲 30 萬元，其稅額由 3 萬元增爲 4 萬元，則其邊際稅率爲　(A)0.1　(B)0.2　(C)0.4　(D)0.5。

（　）⓭乘數現象顯示　(A)所得隨消費或投資變動而變動的程度　(B)投資量隨消費變動而變動的程度　(C)消費量隨所得水準變動而變動的程度　(D)以上皆是。

（　）⓮支出乘數大小　(A)與邊際消費傾向成負相關　(B)與邊際消費傾向成正相關　(C)與物價水準成正相關　(D)與消費水準成正相關。

（　）⓯乘數原理乃是因爲　(A)一個部門的開支是另一部門的收入　(B)私人部門的開支成爲公共部門的收入　(C)一個人的開支成爲另一個人的所得　(D)只有公共部門的開支能使所得增加。

第十九章 投資函數

學習目標

研讀本章之後，希望同學們對以下的主題有所瞭解

1. 投資的意義
2. 影響投資因素的理論：利率說，利潤說與所得說
3. 加速原理
4. 投資在現代經濟的重要性

第**1**節　投資的意義

　　在上一章所得決定的簡單模型中，吾人係假定投資支出是一固定常數，事實上投資支出並非是一固定常數，而是受多種因素的影響。本章即專門討論此一問題。

　　在未分析投資函數的意義以前，先說明投資的意義。投資亦稱資本形成，即能增加生產設備提高生產能量的經濟活動。因為現代是間接生產，為生產各種最後財貨，必須先生產各種生產設備；例如製造成衣，必須先生產紡紗機、織布機、縫紉機等。凡是增加紡紗機、織布機、縫紉機的活動，即是投資。投資能使社會的資本設備增多，故投資亦稱資本形成。

　　投資按不同的分類標準，可分為不同的種類。按是否能增加社會生產能量分，可分為實質投資與財務投資。實質投資能增加社會生產能量，屬於這種投資的，如固定資本設備的增加，廠房、倉庫的興建，道路、水利，各種房屋的興建，以及包含原料，半成品及成品在內的存貨的增加都是。財務投資則為個人對各種金融資產的購買，如個人購買各種上市的股票、公債、公司債、票券等；這種投資雖能為個人賺取一定的收益，卻並不能增加社會的生產能量，故稱其為財務投資。本章所研究的投資，乃是從社會總體立場所觀察的投資，故主要指實質投資而言。

　　按是否扣除現有資本設備的折舊與損耗分，可分為毛投資與淨投資。因資本設備在使用過程中必然有損耗或折舊，使資本設備的價值降低。假如在計算投資時，不扣除這些折舊與損耗，則稱為毛投資，如扣除，則稱為淨投資。毛投資不可能為負數，淨投資則可能為負數，因如果毛投資小於原有資本設備的損耗，則資本設備會減少，即淨投資為負也。

　　投資按其是由何種因素所引起，可分為自發性投資及引申性投資。凡是由經濟以外的因素所引起的投資，稱為自發性投資；例如由於科技

上有了新的發明或發現，產生了新的生產方法，或新的產品，所促成的投資，即稱自發性投資。再如發現了新的資源，如某處發現了新的油田，必然會引起投資加以開發，此項投資亦為自發性投資。如果是由於經濟因素所引起的投資，則稱為引申性投資；如市場利率水準降低，所得水準提高，出口增加等，均能引起新的投資活動，這些均屬於引申性投資。

瞭解了投資的意義，吾人所關心的問題乃是投資支出是如何決定的？亦即那些因素會影響一國的投資支出？何以有時投資支出的數量大？有時投資支出的數量小？這就是本章投資函數所要研究的問題。

第②節 影響投資支出的因素

什麼是影響投資支出的因素？學者間提出了多種不同的理論，茲擇其重要者分別說明如下。

1.**利率說** 傳統的投資理論，認為投資支出決定於市場利率的高低，如果市場利率低，投資量大，市場利率高，則投資量少。其理由是，企業家在考慮投資時，必須考慮兩個因素，一是投資以後所能獲得的報酬，此大體上決定於資本的邊際生產力，即增加一單位資本後，總產量所能增加的數量。另一個考慮的因素則為投資的成本。因進行投資必須使用貨幣資本，如投資者自己沒有此項資本，他必須向金融機構借貸，為使用此項資本，他必須支付利息，而利息的高低，則決定於利率水準，因此利率便構成投資的成本。如果投資者自己有貨幣資本，他固然不必支付利息，但也同時喪失了將資金借給他人，獲取利息的機會，此項犧牲，也就是他自行投資的機會成本，仍然要加以考慮。站在投資者的立場，如果投資後所能獲得的報酬率，大於利率，則表示投資有利，其差額愈大，則愈願投資。短期間由於社會的資本量相當固定，技術水準亦不會有大的變動，因此資本的邊際生產力可視為固定，如此則利率愈低，投資愈有利，投資量必多，利率愈高，則投資不利，投資量必少，故投資

支出可看作是利率的函數。即

$$I = I(i) \qquad\qquad (19-1)$$

i 表利率水準。若以圖形表示，則如圖 19-1，圖中橫座標表投資量，縱座標表利率水準，II 便是投資函數，是一根由左上方向右下方傾斜的曲線。當利率水準爲 i_0 時，投資量爲 I_0，但當利率水準爲 i_1 時，較 i_0 爲低，則投資量爲 I_1，較 I_0 爲多。這種利率原理的投資函數理論，不但爲新古典學派的學者所主張，亦爲凱因斯（J. M. Keynes）學派所主張。

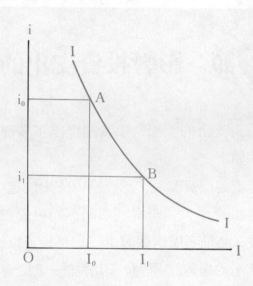

圖 19-1　投資函數：當利率（i）越高，則投資量（I）越少。

2.**利潤說**　部分學者主張，投資支出決定於生產者所實際獲得的利潤水準，如果所獲得的利潤水準高，則投資量大，所獲得的利潤水準低，則投資量少。至於何以投資支出決定於利潤水準的高低，則由於利潤水準一方面影響生產者的投資能力，另一方面則影響生產者的投資意願。在影響投資能力方面，如果生產者所賺取的利潤多，則透過未分配紅利，公積金等的增加，生產者所能掌握的自有資金即多。由於自有資金多，其財務結構健全，則向金融機構貸款的能力亦強，而金融機構亦樂於對他貸款，因此生產者的投資能力即強。反之，如果賺取的利潤少，則未

分配紅利及公積金亦少，生產者所能掌握的自有資金即少，從而向金融機構貸款的能力亦低，金融機構亦不願提供貸款，因而其投資能力亦低。至於利潤何以會影響生產者的投資意願？通常當賺取的利潤多時，如無其他特殊因素，生產者往往會預期未來賺取利潤的機會亦大，因而願意擴充設備，增加生產，自然其投資的意願亦高。反之，如果賺取的利潤少，生產者往往亦會預期未來能賺取利潤的機會亦不多，因此多不願增加生產設備，從而投資的意願亦低。由於利潤影響投資能力及投資意願，故將投資視爲利潤的函數。若以 π 表利潤水準，以符號表示，則

$$I = I(\pi) \tag{19-2}$$

3.**所得說**　這一理論是從利潤原理引申而來。因爲由總體所得分配來看，每一生產因素在總所得分配中的佔有率，大體相當固定；亦即勞動所得，財產所得，利息所得及利潤所得，分別佔一相當固定的比例。既然佔有率相當固定，則所得水準高，利潤也高，所得水準低，利潤也低。投資既爲利潤的函數，則透過利潤與所得的關係，自然亦可看作是所得的函數；亦即所得水準高，投資量大，所得水準低，投資量少，此即所得原理的投資函數理論，用符號來表示可寫爲

$$I = I(Y) \tag{19-3}$$

第*3*節　加速原理

吾人已瞭解現代的生產方法是間接生產，即爲了生產各種財貨必須使用固定的資本設備；例如爲生產布疋，必須使用織布機是。固定資本設備有其耐久性，往往可以使用若干年，才需要換新。同時由於技術的關係，在一年內生產出一定價值的產品，往往需要使用一定價值的固定資本設備。例如在一年內要生產出一百萬元的布疋，所必須使用的織布機的價值爲三百萬元，三百萬元對一百萬元的比率，吾人稱之爲資本產

出率或資本係數，這一比率在短期間大體上亦是相等固定的。瞭解了這一間接生產的特質，吾人即可研究一很重要的經濟現象，即加速現象。

如果社會並無閒置的生產設備，而固定資本設備有其一定的使用年限，則對產品需求的增加，往往會引起對投資支出更大幅度的增加。而投資支出的變動，不僅決定於對產品需求的增加，更決定於對產品需求的增加率，這種現象，稱為加速現象。

為了說明加速現象，吾人可舉一簡單的數字之例。假定其他情況不變，社會無閒置的資本設備，為生產一百萬元價值的布疋，需要使用三百萬元價值的織布機，亦即資本係數為三。而織布機的平均使用年數為十年，並假定現有的織布機有全新者，有已使用一年，二年……到九年者，或每年要更新十分之一。換言之，社會每年要生產一百萬元的布疋以供消費之用，同時要生產三十萬元的織布機以供更新之用，亦即投資為三十萬元。在均衡狀態時，每年均係如此，不會變動。

今假定出現一特殊原因，如新增一國外需求，外國每年向本國購買十萬元的布疋，於是布疋的生產要增加為一百一十萬元，即增加了百分之十。為了生產一百一十萬元的布疋，必須要使用三百三十萬元的織布機，但現有的織布機僅有三百萬元，於是生產織布機的生產財部門，除了要生產三十萬元的織布機以供替換之外，還須再增加三十萬元的織布機，以補充織布機的不足。是則全部的投資便由原來的三十萬元增加為六十萬元，亦即投資的增加率為百分之一百，因此對最後產品的需求僅增加百分之十，而對投資的需求卻增加了百分之一百，這種現象便稱為加速現象。

由於加速現象的發生，於是部分學者便認為投資量乃決定於對最後財貨需求的增加率，亦即決定於加速現象，這種理論便稱為加速原理的投資函數理論。吾人若以 O_{t-1} 表上一期對最後產品的需求量或生產量，以 O_t 表本期對最後產品的需求量或生產量，α 為資本係數，則本期的投資量 I_t，即可以表示為下列的函數形態，即

$$I_t = \alpha(O_t - O_{t-1}) \qquad\qquad (19-4)$$

第**4**節 投資在現代經濟中的重要性

上面吾人已經介紹了四種比較重要的投資函數理論，究竟那一種理論最能說明投資的真象？事實上亦很難有確定的結論，也許每一種理論都能解釋一部分投資現象，利率、利潤，所得及加速現象都會影響投資。因為投資是一最敏感的經濟現象，不像消費那麼穩定。不過吾人除關心影響投資的因素以外，更應瞭解投資在現代經濟中的重要性。

現代經濟是一動態經濟，不是一靜態經濟，為使經濟能不斷進步，生活水準能不斷提高，吾人非常關心生產技術能不斷進步，生產力能不斷提高，新產品能不斷出現，經濟能不能成長。但要使這些目標實現，必須倚靠不斷的投資，唯有投資能增加生產設備，提高生產能量，也才能使以上的目標得以完成。因此若說投資是促成經濟進步的原動力，當不為過。

尤其對於一個發展中國家，要從農業社會轉變為工商業社會，要提高國民所得及生活水準，亦即要加速經濟發展，更要倚靠大量的投資。中華民國臺灣地區所以能在四十年內，由一個發展中國家，迅速轉變為新興的工業國家，被稱為亞洲四條龍之一，對外貿易額超過一千億美元，平均每人生產毛額目前已達六千美元左右，這一切成就，完全是由於進行大規模的投資所促成。今後要維持經濟的繼續成長，仍須要每年有大量的投資，由此可見投資在現代經濟中的重要性。

摘　　要

　　能增加生產設備提高生產能量的經濟活動稱爲投資。

　　投資按不同的標準，可分爲毛投資與淨投資，實質投資與財務投資，自發性投資與引申性投資。

　　爲說明投資支出如何決定，有利率原理，利潤原理，所得原理，及加速原理等幾種不同的投資理論。利率原理認爲投資支出決定於市場利率水準。利潤原理認爲投資支出決定於生產者所賺取的利潤水準。所得原理認爲投資支出決定於社會所得水準。而加速原理則認爲投資支出決定於加速現象。

　　爲提升生產技術，提高生產力，加速經濟發展與成長，增加所得，改善國民生活水準，均有賴於投資的增加，故投資在現代經濟中可視爲促進經濟進步的原動力。

重要名詞

毛投資與淨投資　　　　　　　　自發性投資與引申性投資

實質投資與財務投資　　　　　　利率說

利潤說　　　　　　　　　　　　資本產出率

所得說　　　　　　　　　　　　資本係數

加速原理

作業題

問答題：

❶ 何謂投資？實質投資與財務投資有何不同？

❷ 依據利潤說，如何解釋投資發生的原因？

❸ 何謂加速現象？決定加速現象的有那些條件？在上古採集經濟時代有無加速現象？

選擇題：

( )❶古典學派認爲影響投資的因素爲　(A)利率　(B)邊際效率　(C)利潤　(D)所得。

( )❷如果所有的投資都是自發性的，則邊際投資傾向爲　(A)0　(B)1　(C)−1　(D)無限大。

( )❸所謂「自發性投資」　(A)不受國民所得影響　(B)等於引申性投資　(C)與國民所得成正比　(D)與國民所得成反比。

( )❹當引申性投資增加時，可能是因爲利率　(A)下降　(B)上升　(C)不受影響　(D)上升，也可能下降。

( )❺利率愈低，則　(A)投資收入的折現值愈低　(B)資本的邊際收入產出愈低　(C)對資本的需求愈低　(D)投資收入的折現值愈高。

( )❻下列何種原因將使一個經濟體系的資本存量增加　(A)預期投資的報酬率減少　(B)投資財的供給價格小於投資的需求價格　(C)理想資本存量小於實際資本存量　(D)以上皆是。

( )❼以下何者將是解釋投資需求波動最重要的因素　(A)預期利潤的波動　(B)折舊的波動　(C)預期通貨膨脹的波動　(D)實質利率的波動。

( )❽何時投資需求會減少？　(A)對未來景氣之預期樂觀　(B)資本財價

格上升　(C)稅率下跌　(D)利率下跌。

( )⑨所謂「資本係數」是指　(A)廠商固定投資占產出的比例　(B)廠商引申性投資占產出的比例　(C)投資占出口的比例　(D)廠商固定投資占所得的比例。

( )⑩假設其他情況不變，市場利率愈高，則　(A)資本係數愈低　(B)資本係數愈高　(C)投資愈多　(D)投資愈少。

( )⑪當利率降低時，對消費的影響為　(A)消費減少　(B)消費增加　(C)消費不受利率的影響　(D)不一定，視替代效果大小而定。

( )⑫以下何項因素將會導致投資的增加　(A)國民所得下降　(B)名目利率下降　(C)實質利率下降　(D)利潤水準下降。

( )⑬下列何種現象會促使民間投資增加？　(A)資本財價格上漲　(B)利率上升　(C)資本設備利用率提高　(D)政府提高稅率。

( )⑭若其他情況不變時，市場利率上升，則產生　(A)投資率下降　(B)投資率上升　(C)貨幣供給減少　(D)貨幣需求增加。

( )⑮加速理論的主要內容討論　(A)投資增加引起所得增加　(B)所得增加引起投資增加　(C)(A)、(B)皆是　(D)(A)、(B)皆非。

( )⑯當最終財貨勞務之需求量發生變化時，將引起投資支出的變化，且常為最終財貨勞務需求變化量的若干倍，此種現象稱為　(A)乘數原理　(B)加速原理　(C)緊縮性的財政政策　(D)擴張性的財政政策。

( )⑰加速原理表示　(A)投資與利率的改變有關　(B)投資水準與國民生產毛額的高低有關　(C)國民生產毛額與投資水準有關　(D)投資與國民生產毛額變化的速率有關。

( )⑱若資本產出比例是 4，根據加速原理，若今年投資是 100 億，則　(A)今年產出水準是 25 億　(B)今年產出水準是 100 億　(C)產出成長 100 億　(D)產出成長 25 億。

( )⑲國民所得變動對投資淨額需求的影響我們稱之為　(A)投資乘數效果　(B)加速原理　(C)景氣循環　(D)流動性偏好。

（　）⑳依「加速原理」，導致投資增加的主要原因為　(A)產出的增加額大於零　(B)產出的增加額大於零，而且須每期擴大　(C)產出的增加額小於零　(D)以上皆非。

（　）㉑根據加速原理，投資是下列那一項目的函數？　(A)國民所得水準　(B)國民所得變動量　(C)利潤　(D)儲蓄。

第二十章　政府財政與國民所得

學習目標

研讀本章之後，希望同學們對以下的主題有所瞭解

> 1.政府財政活動對經濟的重要性
> 2.財政收入對所得的影響
> 3.財政政策的意義及其影響

第**1**節　政府財政活動對經濟的重要性

　　在第十八章吾人討論所得水準的決定模型時，曾考慮政府財政支出對決定所得水準的影響。由於政府財政支出亦是需求項目之一，其他因素不變，財政支出增加，會引起所得水準之增加。而在現代國家，政府財政支出，往往占國民生產毛額百分之二十左右，由此可見政府財政活動對經濟之重要性。

　　政府財政活動對經濟之重要性，不僅表現於財政支出一方面。政府為支應其財政支出，必須有一定的財源，即財政收入；而現代國家財政收入的來源，主要的為向國民所徵課的各種租稅，如貨物稅、所得稅、地價稅等。另一部分則取之於政府的事業收入、財產收入，若有不足，則以發行公債的方式向國民舉債。現代國民均有繳納租稅的義務，但納稅義務人在繳納租稅以後，其可支用的所得即減少，其消費與投資亦同樣會減少。假如一國的租稅太重，稅率太高，必然會增加國民的負擔，從而對一國經濟亦有所不利。因此站在政府的立場，如何能夠取得足夠的財政收入，一方面足夠支應財政支出之用，另一方面亦不會使國民感覺到負擔太重，從而影響國家經濟的正常發展，便成為政府財政政策的主要課題。更進一步，政府如何靈活的運用財政政策，使有利於國家經濟的發展，則為現代各國政府所關心的事項。這些問題在財政學中都有詳細的討論，不在本書的研究範圍之內，本章僅就財政活動與國民所得的關係作一簡單說明。

第**2**節　財政收入對所得的影響

　　財政支出對所得的影響，吾人已在第十八章加以說明，不再重複，

本節僅討論財政收入對所得的影響。

　　財政收入中除租稅外，尚包含財產收入、事業收入、規費收入及公債收入。財產收入係政府出售公有財產所獲得之收入，或將公有財產租於民間使用所獲得之租賃收入，前者如出售公有土地，或出售國有林地的林木所獲得之收入；後者如政府將公有土地租於民間使用，所取得之租金收入。事業收入是政府直接經營生產事業，所獲得之盈利收入。如我國有國營及省營等各種公營事業，如中國石油公司、臺灣電力公司、電信總局、公營銀行、臺灣鐵路局等。這些公營事業，或者生產某種財貨在市場銷售，如石油、電力，或者提供某種服務，以滿足社會大眾的需求，如金融服務、交通服務、電信服務等。無論出售財貨或提供服務，均能獲取一定的收益，扣除成本以後，即能獲得一定的盈餘，這些盈餘繳交國庫，即成為政府的事業收入，為政府財政收入之一。在我國臺灣省菸酒公賣局，雖生產香煙與酒類在市場出售，亦屬於一般的生產事業，其盈餘似亦應視作事業收入，但因菸酒在我國是專賣事業，禁止民間生產與銷售，臺灣省菸酒公賣局享有獨占權力，即因此故，現將菸酒收入，單獨列為專賣收入，以之與其他事業收入有所區別。正因菸酒銷售具有獨占性，專賣收入更近於間接稅，而與其他事業收入有別。規費收入是各級政府對民間提供特種服務，向受益人所徵收的費用。如汽車的牌照費，高速公路的通行費，向外交部請領護照所繳的證照費等皆是，此類收入為數甚少，在財政收入中所占比重不高。

　　不過在財政收入中，除以上各類收入外，仍以租稅收入為最重要，亦以租稅收入對所得的影響較大，故以下的討論仍以租稅收入為主。

　　一國國民何以要向政府繳納租稅？納稅的多少應以何種標準來決定？歷來有幾種不同的學說。第一種是利益說，認為國民受到政府的保護而獲得利益，因而須負擔政府的支出。其負擔的大小，即以所受利益的高低為標準，富人所受的利益多，故亦應納較多的租稅，窮人所受的利益少，故應少納稅或不納稅。第二種是犧牲說，認為所謂利益難於衡量，尤其某些利益是共同的，根本無法分割，如國防、治安。而認為納稅純

然是國民的一種犧牲，因而須依據犧牲能力的大小分擔租稅。第三種爲能力說，認爲政府執行公務是爲了全民的利益，因而執行公務所需的經費也應共同分擔，依據每一納稅人的納稅能力繳納租稅，亦即所謂量能課稅。一般認爲第三種學說較爲合理。

現代的租稅，按其是否能轉嫁而分爲直接稅與間接稅兩大類。直接稅是指納稅義務人就是最後的租稅負擔人，不能再將所納之稅轉嫁予第三人負擔的稅。直接稅中最重要的即所得稅，不論是營利事業所得稅或個人綜合所得稅，納稅義務人即實際的租稅負擔人，無法將其轉嫁與第三人。其他如遺產稅、繼承稅，亦爲直接稅的一種。所謂間接稅是納稅義務人並非租稅的負擔人，納稅義務人繳納租稅之後，往往可以藉提高貨物的售價，將租稅轉嫁予貨物的購買人，或最後的消費者負擔。例如貨物稅是向生產的廠商徵課的，如水泥、玻璃、電視機等的生產，均須徵課貨物稅。但廠商納稅之後，即將稅額加在貨價之上，由貨物的購買人承受。最後的負擔者是最後的購買人或消費者。其次，關稅亦是間接稅，政府徵課關稅由進口商負擔，進口商是納稅義務人。但進口商繳納關稅之後，即將其加在進口貨品的價格之上，由購買進口貨品的購買人負擔。現代各國的租稅結構中，直接稅與間接稅的比重，各國均不一樣，大體上已開發國家直接稅所占的比重較高，發展中國家則間接稅所占的比重較高。

爲達到量能課稅的目的，各國對直接稅的徵課多採取累進稅率。按稅基的大小，採取逐漸遞增的稅率計算應納稅額。例如以我國綜合所得稅爲例，根據民國八十四年的所得稅稅率條例，凡綜合所得淨額未超過新臺幣 330,000 者，稅率爲 6%，超過 330,000 以上部分，330,000 元至 890,000 元，稅率爲 13%，890,000 元至 1,780,000 元，稅率爲 21%，1,780,000 元至 3,340,000 元，稅率爲 30%，……最後 3,340,000 元以上部分，稅率一律爲 40%。如此所得愈高者所納之稅亦愈多，符合按能力課稅之原則。間接稅則大多按一定之稅率，比例徵課。

國民納稅以後，對經濟將產生何種影響？並對一國均衡所得水準會

產生什麼變化？由於納稅以後，個人可得以支配的所得減少，必將影響其消費支出，因此租稅之存在，對經濟將產生一種緊縮作用。爲考慮租稅的存在，對均衡所得水準的決定會有何種影響，吾人可將第十八章所提出的模型加以擴大。爲簡單起見，假定租稅是所得的一定比例，令 T 表租稅，t 表邊際納稅傾向，即所得每增加一元，租稅增加的數量，則租稅函數可寫爲下列形態：

$$T = tY$$

由於租稅的存在，消費支出必受到影響。此時消費者必以納稅後的所得，即可支用所得決定其消費，設以 Y_D 表可支用所得，則消費函數成爲下列形態，即

$$C = C_0 + cY_D$$

而

$$Y_D = Y - T$$

將以上三式納入前所應用之模型，則新模型爲

$$Y = C + I + G + (X - IM) \tag{20-1}$$
$$C = C_0 + cY_D \tag{20-2}$$
$$Y_D = Y - T \tag{20-3}$$
$$T = tY \tag{20-4}$$
$$I = I_0 \tag{20-5}$$
$$G = G_0 \tag{20-6}$$
$$X = X_0 \tag{20-7}$$
$$IM = IM_0 \tag{20-8}$$

將（20-4）式代入（20-3）式，再代入（20-2）式，得

$$C = C_0 + c(1 - t)Y \tag{20-9}$$

將（20-5），（20-6），（20-7）及（20-8），（20-9）式代入（20-1）式，得

$$Y = C_0 + c(1-t)Y + I_0 + G_0 + (X_0 - IM_0) \qquad (20-10)$$

解出 Y, 得

$$Y = \frac{1}{1-c(1-t)}[C_0 + I_0 + G_0 + (X_0 - IM_0)] \qquad (20-11)$$

由 (20-10) 式, 可看出由於邊際納稅傾向的存在, 影響了乘數, 當然亦影響均衡所得水準。若設 $t = 0.2$, 其他的數值不變, 代入 (20-11) 式, 得

$$Y = \frac{1}{1-0.8(1-0.2)}[10 + 30 + 40 + (50-40)]$$

$$= \frac{1}{0.36} \times 90 = 250$$

均衡所得水準為 250, 而不是原來的 450, 因為乘數由原來的 5, 降低為 $\frac{1}{0.36} = 2\frac{7}{9}$, 故均衡所得亦降低。此時影響乘數的, 除邊際消費傾向外, 尚有邊際納稅傾向, 即

$$k = \frac{1}{1-c(1-t)} \qquad (20-12)$$

由上式可看出 t 愈大, 其它情況不變, 乘數將愈小。

第**3**節　財政政策

由於政府財政支出, 對經濟有擴張效果, 財政支出增加, 能使所得增加。而財政收入, 尤其是租稅收入, 對經濟則有緊縮效果, 租稅收入增加, 能使所得減少。因此政府為穩定一國的經濟, 使不致因過度繁榮而導致物價膨脹, 亦不致因經濟衰退而導致失業人口的增加, 往往採取適當的財政政策, 以作為穩定經濟的工具。而財政政策中最簡單的, 即視經濟發展的情況, 適度變更財政支出與租稅收入, 透過財政支出乘數

與租稅乘數作用，以影響所得水準。

　　本來政府財政的收支，必須透過政府財政預算以執行，而政府財政預算又必須經過立法機構的審議，預算一經完成立法程序，政府必須按預算執行，不能加以任意的變更。但在現代的預算制度之下，政府仍有相當運用的彈性可供政府選擇。

　　通常在經濟過度繁榮有導致物價膨脹的跡象時，政府一方面可減少財政支出，另一方面亦可適度的增加租稅收入。在減少財政支出方面，除若干在經濟繁榮期會自動減少的移轉性支出，如失業救濟等，會自動減少外，政府亦可暫停或減少若干次要或不必要的公共建設或公共投資，暫緩增加公務人員的僱用等。在增加租稅收入方面，政府可在立法所許可的範圍內，提高稅率，降低起徵點，甚至開徵新稅等。由於支出減少，收入增加，政府往往可獲得財政盈餘，可將其凍結。如此一方面政府的支出減少，另一方面民間由於租稅增加，其支出亦將減少，則經濟過度繁榮的現象可暫時加以抑制，而不致出現物價膨脹。政府的財政盈餘，亦可在將來財政有不足或赤字時，用以彌補。

　　如果政府認為經濟有衰退現象，很可能會引起失業的增加時，則一方面可以增加財政支出，另一方面則可減少租稅收入。為增加財政支出，政府可以加速公共建設或公共投資，甚至可以舉辦新的工程建設，如我國於民國六十三年經濟衰退時，政府即推出十大工程建設，大量增加公共投資。另一方面為減少租稅收入，政府可以採取減稅、免稅或緩徵的措施，使民間所保留的所得能增加，以刺激民間的消費。如此政府的支出增加，民間的支出亦增加，可刺激經濟恢復繁榮。但政府的支出增加，稅收減少，在財政上可能出現赤字，此赤字可以用經濟繁榮時期政府的財政盈餘來彌補，亦可以擴張信用或向民間發行公債，取得必要的財源。

　　為穩定經濟，除採取財政政策外，還可以採取其他的政策，如貨幣政策、所得政策、貿易及外匯政策等，以下各章，將有說明。

摘　　要

現代各國政府，不但財政支出占國民生產毛額相當大的比重，而且向國民徵課各種租稅，兩者都將影響國民經濟，故財政活動對國民經濟有相當的重要性。

在政府財政收入中，以租稅收入爲最重要。納稅爲國民應盡的義務，依據個人的負擔能力繳納。租稅依其是否能予轉嫁，分爲直接稅與間接稅，爲符合按能課稅的原則，各國對直接稅多採取累進制。

個人在納稅以後，其可支用所得減少，因此其消費支出亦減少。爲考慮租稅因素，對決定所得水準有何影響，吾人可將簡單的數學模型予以擴大，依據擴大後的模型，可見納稅對經濟具有緊縮效果。而考慮邊際納稅傾向後，乘數亦將降低。

政府爲穩定經濟，常可採取適當的財政政策。通常在經濟過度繁榮時，政府可減少財政支出，增加租稅收入，而在經濟衰退時，可增加財政支出，並減少租稅收入。

重要名詞

直接稅	邊際納稅傾向
間接稅	租稅乘數
累進稅率	財政政策

作業題

問答題：

❶ 政府向人民課稅，對決定一國所得水準會有何種影響？

❷ 何謂直接稅及間接稅？間接稅能否採取累進制？關稅是直接稅？還是間接稅？

❸ 一國政府為穩定國民經濟，常可採取那幾種財政政策？試簡述其內容。

選擇題：

( )❶下面那一項政策會有所謂的「時間落後」？ (A)貨幣政策 (B)財政政策 (C)所得政策 (D)外匯政策。

( )❷所謂財政政策之工具，意為 (A)貨幣供給增加 (B)公開市場操作 (C)政府支出增加 (D)貼現率政策。

( )❸以下何者並非是財政政策的工具？ (A)提高稅率 (B)降低稅率 (C)增加政府支出 (D)調整存款準備率。

( )❹財政政策內容包括 (A)存款準備率變動 (B)貼現率變動 (C)貨幣供給量增加 (D)以上皆非。

( )❺當財政支出增加時，會發生那一個現象 (A)貨幣需求量減少 (B)物價上漲 (C)工資下跌 (D)產出減少。

( )❻政府支出的一次增加會造成 (A)持續性的物價膨脹 (B)持續性工資增加 (C)物價水準一次的增加 (D)貨幣供給持續增加。

( )❼如果政府為抑制經濟過度擴張，可採行下列那一措施為 (A)增加公共支出 (B)降低稅率 (C)公共支出與租稅同額增加 (D)公共支出與租稅同額減少。

( )❽通常政府為刺激經濟景氣，通常採取 (A)一方面擴大公共投資，

一方面增稅　(B)一方面擴大公共投資，一方面減稅　(C)一方面減少公共投資，一方面減稅　(D)一方面減少公共投資，一方面增稅。

(　)❾擴張性的財政政策的影響為　(A)總需求增加　(B)總需求減少　(C)總供給增加　(D)物價下降。

(　)❿所謂賦稅融通政府支出係指　(A)稅收減少　(B)政府支出會減少　(C)提高稅收以支應增加的政府支出　(D)增加貨幣發行量以支應增加的政府支出。

(　)⓫所謂公債融通政府支出係指　(A)政府支出增加，公債利息增加　(B)增加公債發行，以支應政府支出增加　(C)提高公債利息，以支應政府支出增加　(D)增加貨幣發行量以支應增加的政府支出。

(　)⓬公債融通公共建設常會使利率　(A)上揚　(B)下降　(C)不變　(D)很難確定。

第二十一章　貨幣與金融

學習目標

研讀本章之後，希望同學們對以下的主題有所瞭解

1. 貨幣的定義
2. 貨幣的四種功能：記帳單位，交易媒介，價值的標準與價值貯藏的工具
3. 貨幣的種類
4. 貨幣需求的三種動機：交易的動機，預防的動機與投機的動機
5. 利率水準的決定
6. 現代銀行制度與功能
7. 存款與存款貨幣的乘數作用
8. 貨幣政策的種類：重貼現率政策，存款準備率政策與公開市場操作

第1節　貨幣的定義與功能

　　現代經濟是交換經濟，交換必須以貨幣爲媒介，而且一切財貨的價格以及所得皆以貨幣表示，故貨幣在現代經濟中具有重要的功能，本章討論有關貨幣諸問題。

　　何謂貨幣？貨幣有什麼功能？所謂貨幣即是一種記帳單位，交換的媒介，價值的標準，以及價值貯藏的工具，爲政府法律所制定而爲社會大衆所接受者。根據此一定義，貨幣一般具有下列四種功能。

　　1.記帳單位　一切經濟活動必須有一固定的記帳單位，否則必感到混亂，貨幣則是最方便的記帳單位。就此一功能言，貨幣可能僅是一抽象的概念，而由法律規定一定的名稱，如元、鎊、馬克、法郎是。我國過去在大陸時期，海關即曾使用關金單位。目前國際貨幣基金則有特別提款權（SDR），歐洲共同市場則有歐洲通貨單位（ECU），這些均無貨幣流通，僅作爲記帳單位使用。

　　2.交易媒介　現代交易的型式爲間接交換，而非直接交換。在間接交換中，必須有一爲交換雙方所共同接受的媒介，否則交易即無法進行，貨幣即是這種爲吾人所共同接受的媒介。例如農民先將自己所生產的農產品在市場出售，換取貨幣，再以貨幣換取自己所需要的各種財貨。勞動者以自己的勞力換取貨幣工資，再以此交換自己所需要的各種消費品。因爲有此項方便的交易媒介，經濟活動才能順利進行。

　　3.價值的標準　市場中各種財貨互相交換，必須有一共同的標準，才能決定各種財貨交換的比率。事實上，任何財貨的價格，即是此一財貨的一單位所能交換的貨幣的單位數。如一件襯衣，價三百元，一雙襪子價五十元，即是以貨幣作爲表示此兩種財貨價值的標準，透過貨幣，此兩種財貨交換的比率，即爲一件襯衣，其價值爲襪子的六倍，即交換比率爲一比六。如果沒有貨幣所代表的共同價值標準存在，則市場交換

比率即將混亂。

　　4.**價值貯藏的工具**　貨幣不僅可用作交易的媒介及價值的標準，因為貨幣亦為一般的購買力，吾人保有貨幣，即保有對一般財貨的支配能力，隨時可以取得所需要的財貨。因此吾人對於目前尚不擬支用的所得，即可以貨幣的形態而保存之，以便將來隨時支用，亦即吾人以貨幣作為貯藏價值的工具。其他財貨，雖然亦可作為貯藏價值的工具，但均不如以貨幣來得方便。

第②節　貨幣的種類

　　貨幣可以按照不同的標準加以分類，若以製造貨幣的材料來分，可分為實物貨幣、金屬貨幣及紙幣。所謂實物貨幣，即貨幣本身即是一種財貨，除可充當貨幣使用外，本身亦有一定的用途，此在古代較為普遍。如我國古代即以貝殼為貨幣，貝殼本身可作為裝飾品，大型貝殼且可當飲水器，而距離河海較遠地區，取得貝殼甚為不易，貝殼甚為稀少，故貝殼亦成為貨幣。遊牧社會則往往以牛羊，距離海洋甚遠之地區，亦有以食鹽為貨幣者，牛羊本身既可供應毛、皮與肉類，食鹽則為重要的調味品。戰爭時期由於物價膨脹，使原來的貨幣失去正常的功能，往往亦以實物充作貨幣。如我國在抗戰時期，在某些地區即以食米充貨幣使用，學生繳學費、老師發薪水，一概支付食米。現代除非洲等少數落後地區，還有實物貨幣的遺跡外，已不再使用實物貨幣。金屬貨幣是以各種金屬，如金、銀、銅、鎳、鋁等所鑄造之貨幣。因金屬不易磨損，便於攜帶，且貴金屬價值昂貴，於是隨經濟之進步乃逐漸取代實物而成為貨幣。金屬貨幣之發展亦分為幾個時期，最初以貴金屬的條塊為貨幣，並未鑄成一定的形態，劃一金屬的成色，因此在交易時必須先鑑定其成色，稱量其重量，如我國在民國以前，社會上多習慣使用白銀。但這種金屬貨幣，由於每次使用時皆須鑑定其成色，稱量其重量，至為不便，於是乃逐漸

進步到由政府將其鑄造成一定的形態，規定一定的重量與成色，並禁止民間私自鑄造，這種貨幣亦可稱為鑄幣。如我國在滿清末年即開始鑄造銀元，而銅幣在漢代即已鑄造。目前我國在臺灣地區使用的新臺幣，在三十八年發行新臺幣時，即鑄造有一分、五分鋁幣，一角及五角銅幣，一元鎳幣。以後隨物價上漲，又發行五元鎳幣，現在這些鑄幣均已不再使用，而目前發行使用者則有五角、一元銅幣，五元及十元鎳幣五十元合金幣。所謂紙幣乃以紙張印上一定的圖案及面額，並編定號碼以作為貨幣，此為現今各國所通用的貨幣形態。紙幣按其能否向發行銀行兌換金屬貨幣，又可分為兌現紙幣及不兌現紙幣。兌現紙幣乃紙幣發行之初，恐社會大眾缺少信心不願接受，發行機構乃儲備一定數量的金屬貨幣或現金，作為發行準備，以備持有紙幣的人要求兌換現金之用，發行機構不得拒絕，故稱兌現紙幣。如我國在抗戰前所發行之紙幣，若面額為拾元，則票面上即印有「憑票兌換銀元拾圓」字樣。但現在各國所發行之紙幣均不再兌現，故稱為不兌現紙幣，其本身即是現金。

　　按貨幣的使用量是否有法律的限制，可分為無限法償貨幣與有限法償貨幣。無限法償貨幣其使用量不受限制，不論使用量為多少，對方不得拒絕接受。有限法償貨幣其使用量有法律的限制，使用量超過某一數額以上時，對方可以拒絕接受。如抗戰前我國所發行之銅元，其使用量不得超過五元，其他五分、一角、二角等輔幣，使用量不得超過二十元，超過時對方可以拒絕接受。唯現在各國對貨幣已不再有無限法償與有限法償之規定。

　　貨幣按其產生的方式，可分為通貨與存款貨幣。通貨是由財政部或中央銀行所發行的鈔券，俗稱為錢者。存款貨幣是以銀行支票存款為基礎，以簽發支票所衍生的貨幣，亦即銀行存款的貨幣化。所謂通貨，係由一國財政部或中央銀行，依據貨幣法所發行的法定貨幣，其名稱、單位、換算率、價值及發行數量等，均由法律規定。例如我國的通貨，法定名稱單位為圓，一圓分為十角，一角分為十分，採十進位。然而此種法定國幣目前並未發行，實際使用者則為由中央銀行授權臺灣銀行所發

行的新臺幣，其名稱亦稱爲圓，一圓分爲十角，一角分爲十分。目前所流通者爲伍拾圓券，百圓券，伍百圓券及壹千圓券。過去亦發行過壹圓券、伍圓券及拾圓券，現均已收回，不再發行流通，而以鑄幣代替。又如美國通貨稱元，每元合一百分。英國通貨稱鎊，過去每鎊合二十先令，每先令合十二便士，現亦改爲每鎊合一百便士。日本通貨稱圓，每圓合一百錢。德國通貨稱馬克，每馬克合一百芬尼等。存款貨幣之產生，是因爲吾人若在銀行中存有支票存款，在需用貨幣時，即可開發支票，通知銀行付款，通常吾人常不需要先將支票持赴銀行交換現款後，再以現款支付他人，而僅以支票當作貨幣使用。在信用良好的社會，此支票普遍爲人接受，並可在社會流通，與現鈔並無分別，因此稱其爲存款貨幣。存款貨幣在現代國家，往往構成貨幣供給額中較大的一部分，其重要性常高於通貨。

第3節　貨幣的需求

　　由於貨幣可以充當交易的媒介，價值的標準，且可作爲價值貯藏的工具，因此社會大衆均要持有並保存貨幣，亦即對貨幣有所需求。英國學者凱因斯（J. M. Kcynes），爲說明社會大衆何以需要貨幣，提出了流動性偏好理論。他認爲貨幣比其他任何資產，具有更高的流動性。所謂流動性，即一項資產用來交換其他資產或財貨的方便程度。例如吾人持有股票或公債、公司債等有價證券，若要用來交換其他財貨，如購買汽車，則因這些有價證券並不是交易的媒介，用來購買汽車，對方不一定肯接受，因此必須先將這些有價證券在證券市場出售，獲得現金，再以現金去購買汽車。再如吾人持有土地房屋等不動產，若要以這種不動產去購買其他財貨，則必須先將土地或房屋出售，再以所得現金去購買所要的財貨。股票等有價證券的出售，遠較土地等不動產的出售爲方便，因此有價證券的流動性，即比不動產等的流動性來得高。至於貨幣，因

為他本身就是現金，直接可充當交易的媒介，不必先經過一番出售的手續，因此可以說貨幣具有絕對的流動性。正因貨幣具有絕對的流動性，若保有貨幣，即可以滿足下列三種動機。

　　第一，交易的動機　對個人或家計單位言，獲取所得有一定的時間間隔，例如，薪俸或工資的支付，每半個月或一個月才有一次。房租的收入，往往每一個月甚而三個月才有一次。至於利息或紅利的收入，甚而每半年或一年才有一次。可是為了維持日常生活，卻經常有零星的支出，例如每天的菜金、交通費等。為了在兩次所得期間，吾人能維持經常的支用而不至產生困難，最有效的方法，便是保存一定量的貨幣，以便隨時支用。廠商的情形也是一樣，雖然廠商的收入會經常發生，但經常的支用則情況更多，不可能每發生一次支用，即會有一項收入去支應，因此廠商亦必須保存一部分貨幣，以供不時會發生的支用。像這種為滿足經常交易所保存的貨幣，吾人稱其能滿足交易的動機。

　　第二，預防的動機　在我國社會有所謂「天有不測風雲，人有旦夕禍福」的說法，亦即吾人對未來可能發生的事常無法預知，因而對未來也就充滿了不確定性。對個人或家計單位言，未來很可能會出現意外的事，如生病，需要看醫生，親友結婚或誕辰，往往需要送賀禮。為了預防這些意外事件發生而有意外的支用，必須保存一部分貨幣。廠商亦然，除可以預見的支用外，亦會有意外的支用，為了因應這種意外的支用，亦須保存一部分貨幣。這種為預防意外支用所保存的貨幣，吾人稱其為滿足預防的動機。

　　第三，投機的動機　保有貨幣還有另一有利之處，即可以利用市場所出現的某種情況，以獲取額外的利益。例如民國七十七年臺灣地區證券市場的各種證券價格，不斷上漲，如買入證券，等價格上漲後出售，即可獲得利益。但買入證券需要有貨幣，如果手邊沒有貨幣，則無法透過買賣證券的方法賺取利益。貨幣在這種場合事實上並未完全用去，只是透過貨幣的運用賺取更多的貨幣。因此為這種目的所保有的貨幣，吾人稱其為滿足投機的動機。

　　為滿足上述三種動機，吾人究須持有多少貨幣？就個人來講，為滿足交易與預防動機所須保有的貨幣，大抵與市場利率水準無關，而與個人的所得水準有關。若個人的所得水準高，則由於交易的數量大，並為安全起見，所保有的貨幣數量亦多；反之，若所得水準低，則為滿足這兩種動機，所須保有的貨幣數量亦少。就廠商言，情形亦相似，若其收入多，則為滿足這兩種動機所保有的貨幣亦多，反之，收入少，所保有的貨幣亦少。就全社會言，為滿足這兩種動機所需保有的貨幣數量，亦與該社會的所得水準有關。因此吾人可將這一部分貨幣的需求量，看作是所得的函數，若以 L_1 表示貨幣需求量，則

$$L_1 = L_1(Y) \tag{21-1}$$

　　至於為投機動機所須保有的貨幣量，雖亦與所得水準有關，更重要的決定因素，則為市場利率水準。因為為了保有這種貨幣以等待市場有利機會，則犧牲了將這些貨幣供給旁人使用所能獲得的利息收入。而利息收入的高低，則決定於市場利率水準，故利率可看作是保有這些貨幣的機會成本。如市場利率高，則這種犧牲大，一般的吾人為滿足投機動機所保有的貨幣便少，何況利率水準高，必反映於一般的證券價格，其價格必低，因此吾人持有證券的數量便較多。反之，若市場利率低，持有貨幣的機會成本也低，社會大眾便願意保有更多的貨幣。而且當利率水準低時，一般證券的價格必較高，繼續漲價的可能性便小，社會大眾會減少證券的持有。因此為投機動機所需要保有的貨幣量可以看作是利率的函數，利率水準高，需要量少，利率水準低，需要量便多。若以 L_2 表示這部分貨幣的需求量，則

$$L_2 = L_2(i) \tag{21-2}$$

　　社會對貨幣的全部需求量，必為上述兩部分之和，若以 L 表示全部貨幣需求量，則

$$L = L_1 + L_2 = L_1(Y) + L_2(i) = L(Y,i) \tag{21-3}$$

　　即貨幣需求量是所得水準與市場利率水準的函數。如果所得水準固定，則利率水準高，對貨幣的需求量少，利率水準低，對貨幣的需求量多。若以圖形表示則如圖 21-1，圖中縱座標表利率，橫座標表貨幣的需求量，LL 曲線即是當所得不變時，對貨幣的需求曲線，這是一根由左上方向右下方傾斜的曲線。由圖當利率水準為 i_1 時，貨幣的需求量為 OL′，當利率水準降低而為 i_2 時，則貨幣的需求量增加為 OL*。

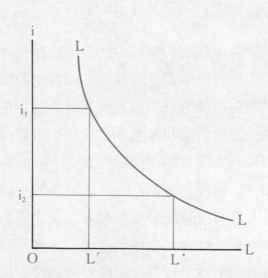

圖 21-1　貨幣的需求函數

　　　　　當利率（i）越高，則貨幣的需求量（L）越少。

第④節　利率水準的決定

在第十四章吾人討論利息問題時，曾依據可貸基金理論說明利率水準如何決定。上一節所介紹的流動性偏好理論，對利息及利率問題，也提出了一種解釋，這一理論認為利息是放棄流動性所給予的補償。因為貨幣既具有絕對的流動性，能滿足吾人交易，預防及投機的三種動機，因此吾人願意保存一部分貨幣，以便隨時動支。如果將貨幣借予他人使用，等於要吾人犧牲了流動性，必然感覺到很不方便，除非對方能給予吾人一定的補償，此種補償即是利息。而利息的高低則決定於利率水準。但利率水準又是如何決定的呢？流動性偏好理論則認為，利息既是放棄流動性的代價，因此是一貨幣現象，利率便是使用貨幣資金的價格，而價格則決定於市場供需關係，亦即決定於貨幣的需求與貨幣的供給。貨幣供給一般由一國的貨幣機構決定，即一國的中央銀行與全體銀行體系。如果吾人假定貨幣供給額為固定，則透過貨幣需求函數與此一固定的貨幣供給額，即可決定市場利率水準。

在圖 21-2 中，LL 為已知的貨幣需求曲線，如果貨幣供給額原來為 OM_0，固定不變，吾人可從 M_0 畫一垂直於橫座標的直線 M_0M_0，此直線即貨幣的供給曲線。M_0M_0 線與 LL 曲線相交於 E 點，由 E 點從縱座標可決定市場利率水準必為 i_0。因為在此一利率水準下，市場的貨幣供給量剛好等於市場的貨幣需求量，供給與需求相等，利率不再變動。如利率水準高於 i_0，必有供過於求的現象，反之，若利率水準低於 i_0，則有供不應求的現象，原來的利率水準將無法維持，只有當利率水準為 i_0 時，市場才能達到均衡。

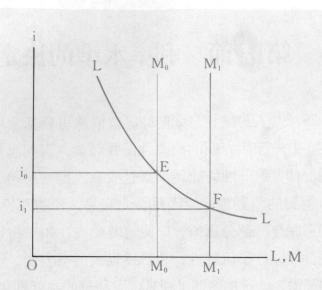

圖 21－2　利率水準的決定

　　　　**貨幣的需求曲線〔LL〕與貨幣的供給曲線〔M₀M₀〕相交
　　　　於 E 點，決定市場的利率水準。**

　　如果政府貨幣機構由於某種原因，增加貨幣供給量，而市場需求不變，對利率將產生何種影響？在圖 21－2 中假定貨幣供給量由 OM₀ 增加為 OM₁，吾人由 M₁ 畫一新的垂直於橫座標的直線 M₁M₁，此 M₁M₁ 即為新的貨幣供給線。此線與 LL 曲線相交於新的一點 F，由 F 點從縱座標可決定新的利率水準為 i₁，較 i₀ 為低。這表示當貨幣需求不變而貨幣供給增加時，將會促使利率水準下降。反之，吾人亦不難了解，假定貨幣需求不變，而貨幣供給減少時，必將促使利率水準上升。

第**5**節　現代銀行制度與功能

　　前面曾提到，現代各國所使用的通貨，多由各國的中央銀行所發行，而貨幣的供給額則決定於中央銀行及一般銀行體系，因此吾人必須了解現代銀行制度及其功能。

現代銀行除中央銀行外，亦為營利事業之一，其業務以接受信用及提供信用為主。所謂接受信用，即是接受客戶的各種存款。所謂提供信用，即是將接受自客戶的存款，貸放於個人或廠商使用，或從事其他的投資事業。故銀行的業務主要的是提供金融服務，銀行亦屬於服務業之一。

銀行按其所有權之歸宿，可分為公營銀行，民營銀行及外國銀行三類。公營銀行為各級政府所有，資金亦來自於各級政府。如我國中央銀行、交通銀行、中國農民銀行、輸出入銀行，為國家銀行，為中央政府所有。臺灣銀行、彰化銀行、華南銀行、第一商業銀行、省合作金庫，則為省營銀行，為臺灣省政府所有。雖然三家商業銀行亦有民股，但百分之五十以上之股份為官股，故仍屬公營銀行。高雄市銀行及臺北市銀行，則分別為高雄市及臺北市政府所有。民營銀行為民間所有，屬私營企業，我國民營銀行現有華僑銀行、世華聯合銀行及上海商業儲蓄銀行等十餘家。外國銀行係他國銀行在我國所設之分行，經我國政府核准，在我國境內營業者，現我國有各國銀行在我國之分行三十餘家。

銀行按其業務的性質分，可分為中央銀行，商業銀行，特種銀行及儲蓄銀行等。中央銀行亦稱銀行之銀行，通常由政府所設立，經營特定的業務，其營業的對象為一般的銀行，而非普通的客戶。中央銀行主要的職能為發行通貨，代理國庫，調度金融及管理外匯，以及對外作為本國政府的財務代理人。在目前我國，中央銀行的通貨發行權，如前所述，已授權臺灣銀行代為行使，發行新臺幣。在代理國庫方面，政府全部財政收入都由中央銀行集中收存，所有財政支出，亦由中央銀行統一支付。在調度金融方面，中央銀行不但收存各銀行所提存之存款準備金，並對各銀行經營重貼現業務，或對銀行放款，以調度銀行之資金。在管理外匯方面，過去我國對外匯之管制，均由中央銀行執行，目前對外匯管制已大幅度開放。中央銀行的另一功能，則為執行政府的貨幣政策，此在下一節將予討論。

商業銀行是接受客戶存款，對工商業融通短期資金的銀行。在銀行

中亦以此類銀行為最多。所謂短期資金，即到期日在一年或一年以內的放款，對此種短期資金，銀行放款時或設定抵押品，或不須抵押品，前者稱為擔保放款，後者則稱為無擔保放款或信用放款。

特種銀行或稱專業銀行，為辦理專業信用之銀行，如工業信用，農業信用，輸出入信用，中小企業信用，不動產信用，或地方信用。如我國交通銀行即為工業銀行，中國農民銀行即為農業銀行，輸出入銀行即辦理輸出入信用，各中小企業銀行即辦理中小企業信用及地方信用，臺灣土地銀行即辦理土地及房屋等不動產信用。

儲蓄銀行則是收受存款及以發行金融債券方式，吸收民間儲蓄，以供給中長期信用為主要任務之銀行。所謂中長期信用分別指兩年以上至五年，以及五年以上之放款。目前專業的儲蓄銀行不多，國內銀行均兼營儲蓄銀行業務。

第6節　存款及存款貨幣的乘數作用

銀行資金的來源，除股本外，主要來之於客戶所提供之各種存款。客戶若有暫不需用的資金，即可存入銀行賺取存款利息。存款以其約定存放期間的長短，可分為活期存款，支票存款，定期存款及儲蓄存款活期存款係不限定存放期間，隨時可憑存摺取款的存款，目前國內有活期存款及活期儲蓄存款二種，即屬於此一類型。支票存款亦為活期存款之一種，約定以存款人簽發支票憑以付款。此類存款多為公司行號所使用，以避免大量使用現金之不便。定期存款為訂有一定期限之限制，存款人憑存單提取之存款。原則上定期存款不得中途解約，若存款人要求解約，銀行可不支付利息，或將應得利息折扣支付。儲蓄存款是以儲蓄為目的之定期或活期存款。定期存款及定期儲蓄存款往往訂有不同之期限，前者如訂為一個月，三個月，六個月，九個月或一年。後者則多訂為一年，二年，或三年。

　　銀行接受各項存款往往付客戶以一定的利息，通常活期存款利息較低，或甚至不支付利息，定期存款利息則較高，儲蓄存款的利息最高。中央銀行為保障存款人的利益，減少存款無法提取之風險，依法要求銀行對各種存款提取存款準備金，並存入中央銀行，以作為付款之保證。所提準備金總額占存款之比率，稱為存款準備率，由銀行法規定其上下限，中央銀行則視市場金融情況，得在上下限之間隨時調整之。通常活期存款及支票存款，提款率較頻繁，故其存款準備率較高。定期存款及儲蓄存款因到期始能提取，故其存款準備率較低。根據我國銀行法的規定，支票存款為百分之十五至四十，活期存款為百分之十至三十五，定期存款為百分之七至二十五，儲蓄存款則為百分之五至二十。

　　由於銀行收受各種存款，皆需保留一定的存款準備，而銀行收受各種存款後，又可將之用於放款與投資，透過這種運作，銀行所收任何一筆原始性的存款，皆能引申出新的存款，而引申出的存款總額，往往是原始性存款的若干倍，此一倍數稱為貨幣乘數。為說明此一現象，吾人假定存款準備率為百分之二十，社會包含若干家銀行，假定某甲銀行收到某一客戶的存款一百萬元。甲銀行於收到此一百萬存款後，保留二十萬元作為存款準備，其餘八十萬元銀行即可加以應用，或用於放款，貸放予向銀行融資的廠商。廠商獲得此八十萬元的貸款後，不會立即將其全部取出，他可能仍將此八十萬元以支票存款的形態，存於甲銀行，以便隨時開支票支用。也可能將其提出後，以支票存款的形態存入乙銀行，但不論是利用那一種方式，此時產生了第一次的引申性存款八十萬元。收到此八十萬元存款的銀行，依法保留十六萬元作為存款準備，其餘的六十四萬元又可以加以應用，貸放於另一廠商。此一廠商可能仍將其存於甲銀行，乙銀行，或轉存於第三家丙銀行。不論是那家銀行收到此項存款，此時社會產生了第二次的引申存款六十四萬元。依此類推，收到此六十四萬元的銀行，保留十二萬八千元作為存款準備，其餘的五十一萬二千元又可以加以運用，例如放款於第三家廠商。設此廠商仍將其存於某一銀行，於是社會又產生了第三次的引申性存款。這一過程必將不

斷的繼續下去，理論上每一次的引申性存款將比前一次的引申性存款爲少，但全部引申性存款將是多少？

設以 E 表示原始性存款，r 表示存款準備率，以 D_1，D_2……表示第一次，第二次……等引申性存款，於是

$$D_1 = E \times (1 - r) = 1{,}000{,}000 \times (1 - 0.20) = 800{,}000$$

第二次的引申性存款爲

$$D_2 = D_1 \times (1 - r) = E \times (1 - r)^2 = 800{,}000 \times (1 - 0.20)$$
$$= 640{,}000$$

第三次的引申性存款則爲

$$D_3 = D_2 \times (1 - r) = E \times (1 - r)^3 = 640{,}000 \times (1 - 0.20)$$
$$= 512{,}000$$

餘類推。

若以 D 表原始存款及引申性存款總額，則

$$D = E + D_1 + D_2 + D_3 + \cdots\cdots = E + E \times (1 - r)$$
$$+ E \times (1 - r)^2 + E \times (1 - r)^3 + \cdots\cdots$$
$$= E \times \frac{1}{r}$$
$$= 1{,}000{,}000 \times \frac{1}{0.20} = 5{,}000{,}000 \qquad (21 - 4)$$

故全部存款總額爲五百萬元。

(21－4) 式爲一無窮遞減等比級數，故可用數學中級數求和的公式計算。式中 $\frac{1}{r}$ 即貨幣乘數，它是存款準備率的倒數。在吾人所舉之例中，因存款準備率爲百分之二十，故貨幣乘數爲五，若以 K_M 表貨幣乘數，即

$$K_M = \frac{1}{r} = \frac{1}{0.20} = 5$$

在以上說明的存款貨幣擴張的過程中，係假定銀行僅按百分之二十

保留存款準備，而獲得銀行放款之廠商亦未提出任何現金。事實上銀行有時爲了安全的需要，往往會多保留一點存款準備，如百分之二十五，這比中央銀行所規定的多了百分之五，這就構成銀行的超額準備。而獲得放款的廠商，往往不是以全部放款轉成存款，而是提出一部分現金，將其餘的轉作存款。如果有這種現象存在，則每次引申性存款的數額便會減少，全部存款的數額亦會低於五百萬元，此時實際的貨幣乘數便會低於理論的貨幣乘數。

由於貨幣乘數的大小決定於存款準備率的高低，由（21－4）式可看出，若存款準備率高，則貨幣乘數小，反之，若存款準備率低，則貨幣乘數大。因兩者之間有如此密切的關係，故中央銀行常利用調整存款準備率的方法，影響貨幣供給額的數量，此在下一節將予討論。

第 7 節　貨幣政策

由於中央銀行的功能之一，是制定並執行一國的貨幣政策。一般的，中央銀行執行貨幣政策的目的何在？所經常採用的貨幣政策有那幾種？

通常中央銀行執行貨幣政策的目的，是透過貨幣政策影響一國的利率水準及貨幣供給量，以保持物價水準的穩定，從而達到經濟活動能正常運作，既不會出現經濟衰退，亦不致出現過度繁榮。因經濟衰退常能引起失業人口的增加，而經濟過度繁榮，往往又會引起物價膨脹，此對長期的經濟發展言均屬不利，故要加以避免。

在本章第一節，吾人已說明現在貨幣包括通貨與存款貨幣兩大類，現在將進一步說明貨幣供給額的定義。現在各國對貨幣供給額通常採取兩種不同的定義，一是狹義的貨幣供給額，習慣上用 M_1 表示，此一定義的貨幣供給額包含通貨與由活期存款所構成的存款貨幣。另一種是廣義的貨幣供給額，習慣上用 M_2 表示，此一定義的貨幣供給額除包含 M_1 外，尚包含由定期存款及儲蓄存款所謂的準貨幣在內。當然，各國對此兩種

定義，內容上也有相干細微的差異。

　　根據我國中央銀行所用的定義，狹義的貨幣供給額又分為 M_{1A} 及 M_{1B} 兩種；前者包含通貨淨額，即扣除銀行庫存而流通在外的鈔券，加上支票存款及活期存款；後者則為 M_{1A} 再加上活期儲蓄存款。廣義的貨幣供給額 M_2，則包含 M_{1B}，再加上各種定期存款，儲蓄存款，外幣及外匯存款，金融債券，儲蓄券及乙種國庫券等在內。民國八十三年十二月底以上三種貨幣供給額的數字分別為

　　　　M_{1A}　　一兆五千五百三十八億元。

　　　　M_{1B}　　三兆二百四十億元。

　　　　M_2　　十一兆四千八百億元。

中央銀行為了影響利率水準或貨幣供給額，通常可採取下列三種政策。

　㈠**重貼現率政策**　為瞭解此一政策的內容，須先說明貼現及重貼現的意義。貼現為一般商業銀行的業務之一。所謂貼現，即顧客如持有未到期的合格票據，如匯票，承兌票據等，在票據到期前急需現款周轉，便可將此合格票據，請求商業銀行收購，銀行則可用現金收買此票據而保存之，等到期時，即可將此票據持向支付人請求支付。銀行在收購此項票據時，通常在付出的現金中先扣除票據到期前應收的利息，此利息占票據面值的百分比，即為現貼率。若商業銀行在票據到期前，自己亦需要現金，此時票據既未到期，當然無法請求付款人支付，商業銀行即可將貼現而取得之票據，持向中央銀行請求重貼現。中央銀行對商業銀行，猶如商業銀行對一般顧客，亦以現金收購此票據。當然中央銀行在重貼現時，亦須預先扣除利息，不過其貼現率較一般商業銀行對一般顧客之貼現率為低，此利率即稱為重貼現率，商業銀行仍可賺取利率的差額。由於中央銀行經營重貼現業務，若中央銀行認為市場利率水準太低，或貨幣的供給額太多，中央銀行則可提高重貼現率。重貼現率提高後，一方面商業銀行因為利率差額的減少，會減少向中央銀行請求重貼現的業務。同時為了保持適當的現金準備，亦會減少其自身的貼現或其他放

款業務。透過相反的乘數作用，存款貨幣及貨幣供給額亦必相應減少。另一方面，中央銀行的重貼現率既經提高，商業銀行為了維持本身的收益，亦會提高顧客請求其貼現的利率，從而一般利率水準亦會上升。反之，若中央銀行認為市場利率太高，或貨幣供給額太少，則可對商業銀行降低重貼現率。由於重貼現率的降低，商業銀行亦會降低其貼現率，並會增加向中央銀行請求重貼現的業務，其效果則與重貼現率的提高相反，市場利率會降低，貨幣供給額將會增加。

㈡**存款準備率政策** 由上節的分析，知道貨幣乘數的大小，決定於存款準備率的高低，因此中央銀行為控制貨幣供給額的變化，常在銀行法所規定的存款準備率的上下限之間，視市場的需要而隨時變更之。如中央銀行認為市場的貨幣供給額過多，則可宣布提高存款準備率。存款準備率提高後，商業銀行可能立即感到準備不足，或原有的超額準備消失，為了達成新存款準備率的要求，商業銀行或則減少放款，或則收回部分放款。由於放款減少，透過存款貨幣的乘數作用，貨幣供給額將因之減少。反之，若中央銀行認為貨幣供給量太少，即可宣布降低存款準備率，存款準備率降低後，商業銀行即會出現超額準備，為有效運用資金，商業銀行即可運用超額準備增加放款。放款既增加，透過引申存款的創造，貨幣供給額將會增加，此一政策運用，即稱為存款準備率政策。

㈢**公開市場操作** 政府財政部門常握有某一數量由政府所發行的有價證券，如公債，國庫券等，可以在證券市場公開買賣這種證券，以調節貨幣供給額。如政府認為貨幣供給額過多，即可在證券市場賣出證券，在證券賣出的同時即收回了貨幣，市場貨幣供給額會因此減少。同時政府賣出證券可能導致證券價格的下跌，因此類證券每年都有一定的收益，證券價格下跌，即代表利率的上升。反之，若政府認為貨幣供給額太少，則可以由市場購買證券，為購買證券，政府即同時放出貨幣，貨幣供給額即可增加。同時政府進入市場購買證券，會促使證券價格上漲，亦即表示利率會下跌。此項買賣政府所發行的有價證券的行為，稱為公開市場操作。

　　政府對於上述三項政策，可以實施一種，亦可以同時實施一種以上，這全視當時的金融情況以為斷。當然除上述三種政策外，政府亦可以直接管制利率，即由中央銀行規定一般存放款利率水準，商業銀行必須遵照實施。同時，政府亦可採用勸告的方法，希望商業銀行增加或減少放款與投資，以求間接的影響貨幣供給額。當然這種勸告並無強制性，商業銀行是否接受，仍由商業銀行自己決定。但由於中央銀行是銀行的銀行，是商業銀行信用的最後支持者，商業銀行如無特殊困難，一般都是會接受的。

　　我國中央銀行對這幾項貨幣政策的運用，並不完全，公開市場操作在我國尚未實施，重貼現政策僅有專案重貼現，亦即由中央銀行特別核定的，至於一般的重貼現業務，中央銀行並未辦理。目前中央銀行所運用的貨幣政策除存款準備率的管制外，多透過對商業銀行的融資，收存商業銀行或其他金融機構的轉存款，發行定期存單，儲蓄券及國庫券等，以影響市場貨幣供給量。

摘　　要

凡為政府法律所制定並為社會大眾所普遍接受的交換的媒介，稱為貨幣；貨幣的主要功能有四，即記帳單位，交換媒介，價值標準，及價值貯藏的工具。

貨幣可按各種標準予以分類，如以製造貨幣的材料分，可分為實物貨幣，金屬貨幣，及紙幣。以使用時數量是否受有限制，可分為無限法償貨幣與有限法償貨幣。現在一般所使用的貨幣，則可分為通貨與存款貨幣。

貨幣因為具有高度的流動性，能滿足交易，預防及投機的三種動機，故社會大眾對貨幣有需求。為滿足前兩項動機對貨幣的需求量，決定於所得水準。為滿足投機動機對貨幣的需求量，則決定於市場利率水準。

若所得水準不變，則市場利率水準決定於貨幣的供給與貨幣的需求。一般的，若貨幣需求不變，則貨幣供給額增加，利率水準會下降；貨幣供給額減少，利率水準會上升。

銀行為以接受信用及提供信用為主要業務的營利事業。銀行以所有權分，可分為公營銀行，民營銀行，及外國銀行。以業務性質分，可分為中央銀行，商業銀行，特種銀行，及儲蓄銀行。

銀行接受存款，透過存款準備率的作用，常可創造出引申性的存款，此種現象可稱存款的乘數作用。

中央銀行為控制利率，調節貨幣供給量，以達到穩定物價水準，促進經濟正常發展，常可實施一定的貨幣政策。主要的貨幣政策有：重貼現政策，存款準備率政策，及公開市場操作。中央銀行可以採行一種，亦可以同時採行一種以上的政策。

重要名詞

實物貨幣　　　　　　　　國家銀行

金屬貨幣　　　　　　　　公營銀行

紙幣　　　　　　　　　　民營銀行

鑄幣　　　　　　　　　　外國銀行

通貨　　　　　　　　　　存款準備率

存款貨幣　　　　　　　　貨幣乘數

中央銀行　　　　　　　　重貼現政策

商業銀行　　　　　　　　公開市場操作

特種銀行　　　　　　　　存款準備率政策

儲蓄銀行

作業題

問答題：

❶ 何謂貨幣？貨幣有那些主要的功能？

❷ 社會大眾何以需要保存貨幣？試依流動性偏好理論加以說明。

❸ 何謂銀行？現代銀行可分為那幾類？

❹ 各國政府為穩定國民經濟，通常可採取那幾種貨幣政策？試簡述其內容。

選擇題：

（　）❶ 下列何者並不是貨幣所具有的功能？　(A)交易媒介　(B)計價單位　(C)遞延支付的標準　(D)可以防範通貨膨脹。

（　）❷ 我們將為把握未來有利交易機會而保有貨幣的動機稱之為　(A)交易動機　(B)預防動機　(C)投機動機　(D)防衛動機。

（　）❸ 基本上，信用卡具有下述那一項功能？　(A)價值的儲藏　(B)延期支付　(C)計價單位　(D)法定準備。

（　）❹ 貨幣 M_1 之定義不包括那一項？　(A)現金　(B)活期存款　(C)定期存款　(D)支票存款。

（　）❺ 郵匯局轉存款是屬於下述那一類貨幣供給中的一項？　(A)M_{1A}　(B)M_{1B}　(C)M_1　(D)M_2。

（　）❻ 貨幣 M_2 之定義並不包括下列那一項　(A)現金　(B)支票存款　(C)國庫券　(D)定期存款。

（　）❼ 如果法定準備率等於 0.25 時，貨幣乘數為　(A)2　(B)4　(C)5　(D)10。

（　）❽ 若商業銀行體系中由中央銀行取得新準備金 100 元，而法定準備

率為 10％，則整個銀行體系可創造最大存款為　(A)80 元　(B)100 元　(C)500 元　(D)1,000 元。

(　)⑨銀行體系能創造貨幣的原因在於　(A)銀行提供貸款業務　(B)銀行必須保有存款準備金　(C)銀行需提法定準備金　(D)銀行辦理活期存款業務。

(　)⑩中央銀行實行貨幣政策的目標「不」為　(A)經濟成長　(B)物價穩定　(C)高度就業　(D)廠商利潤極大。

(　)⑪中央銀行擔當最後融資者的角色之目的在於　(A)維持金融穩定　(B)調整貨幣政策　(C)保持匯率穩定　(D)以上皆非。

(　)⑫中央銀行的功能不包括以下那一項目　(A)作為銀行的最後融資者　(B)管理外匯　(C)控制貨幣供給　(D)貸款廠商以獲取利潤。

(　)⑬貨幣政策的工具，「不」包括　(A)公開市場操作　(B)重貼現率政策　(C)存款準備率政策　(D)關稅提高。

(　)⑭中央銀行在公開市場買入政府債券，是種　(A)緊縮性的貨幣政策　(B)擴張性的貨幣政策　(C)緊縮性的財政政策　(D)擴張性的財政政策。

(　)⑮中央銀行提高存款準備率，是一種　(A)緊縮性貨幣政策　(B)擴張性貨幣政策　(C)緊縮性財政政策　(D)擴張性財政政策。

(　)⑯中央銀行在公開市場活動中購買政府債券可能對總需求造成的影響為　(A)使貨幣存量增加　(B)利率提高　(C)使貨幣存量減少　(D)物價下跌。

(　)⑰若中央銀行希望緊縮銀根時，可採取　(A)降低貼現率　(B)在公開市場買進各種債券　(C)發行貨幣　(D)提高法定存款準備率。

(　)⑱中央銀行若欲降低貨幣供給的增加率，他「不」應　(A)提高重貼現率　(B)提高法定準備率　(C)在公開市場賣出債券　(D)降低重貼現率。

(　)⑲如果經濟體系已達充分就業，政府採取擴張性的貨幣政策將使物價水準　(A)上揚　(B)下降　(C)固定不變　(D)不一定。

（　）⑳中央銀行藉公開市場操作拋售各種債券，將使貨幣供給量產生何種變動？　(A)增加　(B)減少　(C)固定不變　(D)不一定。

（　）㉑下列何者為擴張性貨幣政策　(A)提高存款準備率　(B)在公開市場賣出債券　(C)提高購買股票的保證金比例　(D)放鬆分期付款的信用管制。

（　）㉒貨幣供給量在以下那一種情形下會減少　(A)央行降低存款準備率　(B)央行藉公開市場操作賣出政府債券　(C)提高貨幣發行量　(D)央行降低重貼現率。

（　）㉓重貼現率的提高，可能會使得　(A)商業銀行減少向中央銀行借款　(B)商業銀行增加向中央銀行借款　(C)整個銀行體系的信用創造能力因而擴大　(D)貨幣供給量的增加。

（　）㉔所謂「公開市場操作」與下列何項敘述不符合？　(A)乃指中央銀行在公開市場買賣政府債券　(B)乃指商業銀行在公開市場買賣政府債券　(C)可以改變商業銀行的超額準備　(D)可以影響貨幣供給額。

（　）㉕中央銀行公開市場操作賣出政府國庫券，則　(A)利率下降　(B)貨幣數量增加　(C)利率不變　(D)利率上揚。

第二十二章 國際貿易與國際金融

學習目標

研讀本章之後，希望同學們對以下的主題有所瞭解

1. 國際貿易發生的原因
2. 比較利益法則
3. 國際貿易與所得水準的決定
4. 外匯與匯率的意義
5. 匯率決定的四種理論：金平價說，購買力平價說，國際收支說與市場供需說

第1節　國際貿易發生的原因

現代由於運輸工具的進步，科學技術的發展，新產品的不斷出現，以及不同國家人民之間接觸的頻繁，國與國之間的經濟關係也日益頻繁，換言之，各國開放的程度日益增高。這種經濟關係主要表現於貿易，以及資金的移動。每一國家往往會從其他國家購買各種產品，亦會將本國的產品賣與其他國家，前者即輸入，後者則為輸出。除有形財貨的貿易外，尚有無形勞務的貿易，一國可為其他國家提供金融，保險，運輸等服務，亦可由其他國家為本國提供上述服務。這種財貨與勞務的貿易，構成一國國際收支上的貿易帳。除貿易帳外，資金亦可在國與國之間移動，即本國的資金，為了投資賺取收益，可流到其他國家，而其他國家的資金，亦可流入本國。此種資金的移動即構成一國國際收支上的資本帳。

國際貿易與國內貿易在本質上並無不同，但亦有下列的差異。首先，不同的國家使用不同的貨幣。國內貿易買賣雙方都使用同一的本國貨幣，但國與國之間的貿易買賣雙方便使用不同的貨幣，如中美之間的貿易，我國用新臺幣，美國用美元，因此不同貨幣之間必須決定一項交換的比率，這即構成外匯與匯率的問題。其次，不同國家之間實施不同的法律制度，有不同的風俗習慣與宗教信仰，此亦影響貿易的交往，如沙烏地阿拉伯信仰回教，不許飲酒，酒類即不能進口。同樣在實行共產主義或社會主義的國家，一切經濟活動及對外貿易，均由政府所控制，與西方國家，一切經濟活動及對外貿易，大部分由私營企業所進行，即有所不同，此亦影響國與國之間的貿易。最後，國內貿易常沒有人為的障礙，但國與國之間的貿易卻多有人為的障礙。如有些國家對國際貿易實施管制，某些產品不得進口或限制進口；即或不限制進口，但在進口時仍須繳納一定的關稅，此在國內貿易，即沒有這些障礙。

國與國之間何以會發生貿易，主要是由於下列原因。

第一，各國的地理環境不同。世界各國，有些位於寒帶或溫帶地區，有些則位於熱帶地區。有些國家爲內陸，沒有海洋，有些國家則接近海洋。不同的地理環境，因而產生不同的產品，例如寒帶國家多生產野生動物的皮毛，熱帶國家則多生產熱帶水果，靠近海洋的國家則多漁產，各國間爲了互通有無，乃產生了國際貿易。

第二，天然資源秉賦的差異。各國受到自然條件的影響，往往會蘊藏有某種特殊的天然資源，而爲其他國家所無，但亦爲其他國家所需要者；例如中東地區的沙烏地阿拉伯、科威特等國，地下盛產石油；石油爲重要能源，亦爲重要工業原料，不產石油的國家亦需要使用石油。再如南非共和國盛產黃金，鑽石與鈾礦，不產這些礦產的國家，對之即有需要，此亦爲國際貿易發生的原因之一。

第三，各國科技發展的水準有差異。有些國家科技進步，能生產高科技的產品，而某些其他國家則科技水準落後，不能生產這種產品。例如美國的飛機製造公司，能生產巨無霸型的噴射客機，而其他多數國家則不能生產，爲了發展民航事業，不得不向美國購買，此亦導致國與國間貿易的發生。

第四，各國經濟發展的程度有差異。有些國家經濟上已高度開發，能生產各種工業產品；而有些國家，經濟發展的程度落後，經濟上仍以農業等基本產業爲主，不能大量生產工業產品。於是前者往往向後者輸出工業產品，而後者則向前者輸出農產品，以交換工業產品。當然由於技術條件的差異，高度開發國家可能農業亦非常進步，因而同時能輸出農產品，例如美國及加拿大，不但工業生產力高，農業生產力亦高，因而亦能大量輸出小麥、黃豆、玉米等農產品，澳洲，紐西蘭則能大量輸出羊毛。中華民國臺灣地區，在民國四十年代，亦因工業尚未發展，出口產品仍以稻米，砂糖及香蕉爲主，六十年代以後工業已有基礎，輸出產品乃改以工業產品爲主。

第五，各國消費者愛好的多樣化。有些產品本國雖亦生產，但往往

亦從國外進口同類產品。例如本國雖亦生產電視機，冰箱等，但消費者可能偏愛他國的產品，則他國的產品即能進口，與本國的產品在市場競爭。此所以工業國家與工業國家之間，或已開發國家相互間，其貿易品的項目大多很相似的原故。同時亦可瞭解，何以高度開發國家相互之間，其貿易額都非常大的原因所在。

第❷節　比較利益法則

　　學者之間往往將上節所述國際貿易所以會發生的原因，加以歸納而提出一項理論，以解釋國際貿易發生的原因，此即比較利益法則。根據此一法則，認為甲國向乙國輸出某種貨品，並非是因為甲國生產此一財貨比乙國生產絕對有利，而是由於相對有利。同樣乙國之所以進口某種產品，亦並非是因為在乙國生產絕對不利，而是由於在乙國生產相對不利。假如甲國無論在何種產品的生產上，均較乙國為絕對有利，乙國則絕對不利，此時並不表示甲國只能向乙國輸出，而不會由乙國進口，同樣，乙國只能由甲國進口，而不能向甲國輸出。在甲國生產各種財貨均比乙國有利的情況，甲國仍然有些財貨的生產比乙國相對有利，而有些財貨的生產則比乙國相對不利。同樣乙國生產各種財貨雖均較甲國為不利，但仍有些財貨的生產比甲國相對有利，而有些財貨的生產則較甲國相對不利，於是自然會形成每一國家皆輸出自己比較有利的產品，而進口比較不利的產品，此種理論即是所謂比較利益法則。

　　為說明此一法則的意義，試舉例說明如下。假定只有兩個國家，甲國與乙國，而每一個國家均僅生產兩種產品，設以 X 及 Y 表示之。每一國家的自然資源及生產技術均假定不變。在此兩個國家之間生產因素不能移動，但產品則能自由移動。並且假定這兩個國家之間沒有關稅，運輸費用等對貿易所造成的限制，吾人亦暫不考慮匯率問題，而假定採用實物交換。設甲國比較有利於生產 X，而比較不利於生產 Y，因此需要

1.5 單位的 X，才能交換到一單位的 Y，亦即用於生產一單位 Y 的生產資源，可生產 1.5 單位的 X。而乙國則比較不利於生產 X，而比較有利於生產 Y，因此一單位的 X，能交換到二單位的 Y，亦即用於生產一單位 X 的生產資源，可以生產兩單位的 Y。假定在沒有貿易關係時兩國皆處於自給自足的狀態，每一國皆依據其需要同時生產兩種財貨，設甲國生產 60 單位的 X，20 單位的 Y，而乙國則生產 20 單位的 X，40 單位的 Y。兩國合計，共生產 80 單位的 X，60 單位的 Y，如表 22-1 所示。如果兩國之間可以進行貿易，則站在甲國的立場，如果能以低於 1.5 單位的 X 交換到一單位的 Y，自為其所歡迎，如此甲國即可減少 Y 的生產，而以其所省下的資源增加 X 的生產，再以 X 與乙國交換 Y，則其自然資源的數量不變，但社會所能獲得財貨的數量會增加。同樣，站在乙國的立場，如果能以二單位的 Y 交換到一單位以上的 X，亦為其所歡迎，如此則乙國可以減少 X 的生產，而以所省下的資源增加 Y 的生產，再以 Y 與甲國交換 X，其自然資源的數量不變，但社會所能獲得財貨的數量亦會增加。因此如果此兩國之間有貿易發生，X 與 Y 交換的比率能低於 1.5 比 1，而大於 1 比 2，則對兩國均將有利。今假定貿易發生後，此兩種財貨交換的比率為 1 比 1，即 1 單位的 X 可以換 1 單位的 Y，於是甲國放棄 Y 的生產，將全部自然資源用於生產 X，則減少 20 單位 Y 的生產，可增加 30 單位 X 的生產，其全部 X 的產量將增加為 90 單位。而乙國則放棄 X 的生產，將全部自然資源用於生產 Y，則減少 20 單位 X 的生產，可增加 40 單位的 Y，其全部 Y 的產量則增加為 80 單位。兩國合計，兩種產品的產量均比沒有貿易前為增加。今假定甲國以 25 單位的 X，與乙國交換 25 單位的 Y，交換以後兩國社會所享有兩種財貨的數量，則如表 22-2 所示，不但兩種財貨的總產量增加，而且每一國家所能享用的每一種財貨的數量，也都比沒有貿易發生前為增加。貿易前，甲國僅能享受 X 財貨 60 單位，Y 財貨 20 單位，貿易後，則能享受 X 財貨 65 單位，Y 財貨 25 單位。同樣，在貿易前，乙國僅能享受 X 財貨 20 單位，Y 財貨 40 單位，貿易後，則能享受 X 財貨 25 單位，Y 財貨 55 單位。因此透過貿易關係，兩

國消費者的福利均告增加。

表 22-1　貿易前兩國產品的產量

	甲　　國	乙　　國	總　　計
X　產　品	60	20	80
Y　產　品	20	40	60

表 22-2　貿易後兩國所享有的產品數量

	甲　　國	乙　　國	合　　計
X　財　貨	65	25	90
Y　財　貨	25	55	80

　　實際的情況，也許並不如此簡單，財貨的運輸尚有運輸成本，任何一國也不會完全放棄某一種財貨的生產，可能對比較利益較低的產品仍然會生產一部分，其不足之數再由他國輸入。但吾人可得而確定者，即此兩種財貨交換的比率，在甲乙兩國之間，必低於 1.5 比 1，而高於 1 比 2。

第**3**節　國際貿易與所得水準的決定

　　考慮國際貿易因素對所得水準的影響，吾人已在第二十章有所說明，由第二十章的 (20-11) 式

$$Y = \frac{1}{1 - c(1 - t)} [C_0 + I_0 + G_0 + (X_0 - IM_0)]$$

吾人可同樣求出一國的輸出乘數及輸入乘數。設其他因素不變，一國的輸出由原來的 X_0 增加爲 $X_0 + \Delta X$，則所得亦將發生變化，即

$$Y + \Delta Y = \frac{1}{1 - c(1 - t)}[C_0 + I_0 + G_0 + (X_0 + \Delta X - IM_0)]$$

由上式減去（20－11）式，得

$$\Delta Y = \frac{1}{1 - c(1 - t)}\Delta X$$

兩邊除以 ΔX，得

$$\frac{\Delta Y}{\Delta X} = \frac{1}{1 - c(1 - t)} \qquad\qquad (22 - 1)$$

此即輸出乘數，表示輸出增加一單位，所得的增加量爲輸出增加量的若干倍。若 c＝0.8　t＝0.2，則

$$\frac{1}{1 - c(1 - t)} = \frac{1}{1 - 0.8(1 - 0.2)} = \frac{1}{0.36} = 2\frac{7}{9}$$

即表示若輸出增加一元，所得將增加 $2\frac{7}{9}$ 元，約爲 2.77 元。同理，吾人亦可求出輸入乘數爲

$$\frac{\Delta Y}{\Delta IM} = \frac{-1}{1 - c(1 - t)} = \frac{-1}{1 - 0.8(1 - 0.2)} = -2.77$$

此乘數與輸出乘數絕對值相同，但符號爲負，表示輸入若增加，所得水準不但不會增加，反而會減少，其減少的數值亦爲輸入增加的若干倍。在本數字之例中，輸入若增加一元，所得將減少 2.77 元。

　　由於輸出乘數爲正，而輸入乘數爲負，吾人不難瞭解，何以現代各國都重視增加輸出，而設法限制或減少輸入，甚至不惜採取種種貿易保護主義的原因了；這是因爲輸出的增加，會促進一國生產的增加，從而所得亦會因之增加。反之，若輸入增加，則會導致本國某些產業生產的減少，從而所得亦會減少。此所以我國爲促進經濟成長，過去一直獎勵出口，而美國爲了保護本國產業，要實施貿易保護政策。

實際上，輸出乘數與輸入乘數符號相反，其絕對值不一定會相等，在本節數字之例中，因吾人採取最簡單的假設，故出現了絕對值相等的現象。在實際經濟中，影響此兩項乘數的因素很多，此則與各國的經濟結構，經濟發展的程度，以及消費者的消費習慣有關，本書不擬詳述。

第4節　外匯與匯率

上節討論國際貿易發生的原因，均假定是一種物物交換的貿易，事實上，現代國與國之間的貿易，仍然是採用貨幣的間接交易。唯因各國所使用的貨幣不同，出口廠商若獲得外國貨幣，通常在本國並不能使用，必須將其換成本國的貨幣。同樣的，進口商要購買外國的貨物，除少數例外，亦不能以本國的貨幣支付，必須先將本國的貨幣兌換成外國貨幣，然後才能進口。因此與國際貿易密切相關的，乃產生了外匯及匯率的問題。

所謂外匯，廣義言之，即指外國的貨幣，或其他有價證券，諸如以外國貨幣開發的匯票，支票等，以及外國所發行的以外幣所表示的公債，國庫券等。例如站在我國的立場，凡美元，德國馬克，英鎊，港元，日圓等通貨，匯票等，為我國政府或人民持有，即為外匯。

各國對外匯的持有，有採取完全由政府管制的，人民因出口，或其他原因所取得之外匯，必須出售給指定之銀行，取得本國貨幣。人民因進口，或其他原因需要外匯時，則需用本國貨幣，向指定銀行，申請購買所需要之外匯。人民不得持有或在國內使用外匯。我國在民國七十六年七月一日以前，即是實施外匯管制的國家，人民可持有外匯，但不得使用或從事外匯交易。有些國家對外匯則不予管制，人民可以持有並從事外匯交易。我國自民國七十六年七月以後，外匯管制放寬，人民透過外匯指定銀行，可買賣外匯，存入外幣存款，或將其匯出國外。

為了進行貿易，不同貨幣之間，必須確定一定的交換率，此即匯率。

例如新臺幣對美元即有一定的交換率。匯率的表示，或以本國貨幣為基準，表示本國貨幣一單位可以交換他國貨幣若干，目前如英國及美國等，習慣上多採取這種表示法。因為英美兩國曾為世界金融中心，而英鎊及美元普遍被各國用作清償債務及支付貿易之工具，用這種表示法，即一英鎊交換外國貨幣若干，或一美元交換外國貨幣若干。另一種表示法，則以外國貨幣為基準，表示一單位外國貨幣換本國貨幣若干單位。例如我國新臺幣交換美元，習慣上即用美元一元兌換新臺幣若干元。事實上，上述兩種表示方法實際上是一樣的，前者的倒數即為後者。例如過去美元一元可以交換新臺幣 40 元，其倒數即為 $\frac{1}{40} = 0.025$，亦即新臺幣一元可以交換美元二分半。

匯率是否固定不變，或變動時須經過一定的手續或法定程序，還是可以經常隨外匯市場的變化而變化，可分為固定匯率與浮動匯率。在過去金本位時期，匯率決定於各國貨幣法定的含金量，匯率是固定的，除非某國透過法律程序，調整或改變其貨幣的法定含金量，否則匯率不會變動。自各國放棄金本位後，多採行浮動匯率制，即匯率視相關國家貿易及國際收支狀況，物價水準的變動，利率水準的差異而經常變化，此即目前各國所採行的浮動匯率制。

第**5**節　匯率的決定

至於匯率究竟是如何決定的，歷來有各種不同的理論，其重要者如下：

1.**金平價說**　在金本位時期，各國貨幣皆與黃金相聯繫，對單位貨幣常規定一定的含金量，於是不同貨幣之間，透過其含金量的差異，即可換算出其匯率。例如甲國一單位貨幣的含金量，若為乙國一單位貨幣含金量的四倍，則甲國貨幣兌換乙國貨幣的匯率，便為一比四，亦即一單位甲國貨幣可以兌換四單位乙國的貨幣。反之，乙國一單位的貨幣，

僅能兌換四分之一單位的甲國貨幣，此即所謂金平價說。

2.**購買力平價說**　在金本位制被放棄後，理論上各國貨幣已不與黃金相聯繫，即無法透過金平價以決定匯率，於是產生了購買力平價說。根據此一學說，認為對於某一定種類一定數量的財貨的組合，在甲國以本國貨幣購買，需要一定的數額，例如一百元，在乙國以該國貨幣購買，亦需要一定的數額，例如四百法郎，則甲國一百元的購買力，與乙國四百法郎的購買力相等，亦即一元的購買力等於四法郎，則一元兌換法郎的匯率便是四法郎，因兩者在兩國的購買力均相等也。如果此後兩國物價的變動有差異，則匯率亦必須調整，原則上，物價水準上漲幅度相對大的國家，其貨幣必相對貶值，物價水準上漲幅度相對小的國家，其貨幣必升值。

3.**國際收支說**　根據此說，認為匯率應決定於此一水準，即能使一國的國際收支保持適度的平衡。若一國的國際收支有逆差，該國的貨幣便將貶值；如果一國的國際收支有順差，則該國的貨幣將升值。為說明此一理論，首須說明國際收支的意義。前曾說明，國與國之間的經濟關係有二，一是貿易關係，即商品與勞務的交換，另一種則為資金移動關係，資金可以從一國流出，亦可以從國外流進。前者列入國際收支的經常帳，後者列入國際收支的資本帳。如果一國在貿易上，輸出大於輸入，則稱為有順差，如果輸入大於輸出，則稱為有逆差。在資金帳上，如果流進的資金大於流出去的資金，則稱為資本帳上有順差。如果資金的流出大於資金的流進，則稱為資本帳上有逆差。假如一國在貿易帳上雖為逆差，但在資本帳上卻有順差，並能完全彌補貿易帳上的逆差，或在貿易帳上雖為順差，卻為資本帳上的逆差所抵銷，吾人稱此國的國際收支達到平衡。反之，如貿易帳及資本帳同為順差，或同為逆差，或貿易帳上的逆差不能由資本帳上的順差所彌補，貿易帳上的順差，亦未完全為資本帳上的逆差所抵銷，則吾人稱國際收支不平衡，兩者合計，或有順差，或有逆差。國際收支有順差的國家，在國際金融市場上對該國貨幣的需求必高，因此該國貨幣即將升值，一單位所能兌換他國貨幣的數量便將

增加。反之，國際收支有逆差的國家，在金融市場上對他國貨幣的需求便增加，因而該國的貨幣將貶值，即該國一單位貨幣兌換他國貨幣的數量便將減少。根據此一學說，一國的匯率應決定於能使該國國際收支達到平衡的一點。

4.**市場供需說**　根據此說，認為匯率決定於外匯市場對外匯的供需關係。外匯市場外匯的供給來自於一國的輸出，因輸出而獲得外匯，另一來源則為國外資金的流入所帶來的外匯。外匯市場對外匯的需求則來之於一國的輸入，因輸入必須支付外匯，另一需求則來之於資金的流出。如果外匯供不應求，則匯率會上升，即本國貨幣貶值，外國貨幣升值。如果外匯供過於求，則匯率會下降，即本國貨幣升值，外國貨幣貶值。匯率必決定於外匯的供給與需求能保持相等的一點。例如我國自民國七十五年以後，由於對外貿易順差數字逐年增大，且國外資金不斷流入，遂使外匯供過於求，新臺幣對美元升值，美元對新臺幣的匯率，由原來一美元兌換新臺幣四十元左右，降低到美元一元兌換新臺幣二十五點三元左右。此一市場供需說，亦為實施浮動匯率的理論依據。

摘　　要

　　國與國之間所以能發生貿易關係，主要是由於各國的地理環境不同，天然資源的秉賦、科技發展的水準、經濟發展的程度等有差異，以及消費者愛好的多樣化。

　　將以上的原因歸納言之，則爲比較利益法則，即各國在各種財貨的生產上，依據比較利益，輸出比較利益比較高的產品，輸入比較利益比較低的產品。

　　一國輸出的增加，透過乘數作用，會提高一國的所得水準。反之，輸入的增加，會降低一國的所得水準。故各國多獎勵輸出，限制輸入。

　　一國所持有的外國貨幣，有價證券，凡能在國外使用購買財貨者，均得稱爲外匯。一國貨幣對他國貨幣的兌換率，稱爲匯率。各國匯率有採固定匯率制者，亦有採浮動匯率制者，現以採行後一種制度者爲多。

　　關於匯率的決定有幾種不同的理論，重要者有，金平價說，購買力平價說，國際收支說，及市場供需說。

重要名詞

國際貿易	固定匯率
比較利益	浮動匯率
外匯	輸出乘數
匯率	輸入乘數

金平價說　　　　　　　　　國際收支說

購買力平價說　　　　　　　市場供需說

作業題

問答題：

❶ 國與國之間何以會發生貿易關係？國際貿易與國內貿易有何不同之處？

❷ 何謂比較利益法則？試加簡單說明。

❸ 國際貿易對一國所得的決定有何影響？試分別就輸出及輸入加以說明。

❹ 何謂外匯？何謂匯率？理論上匯率是如何決定的？

選擇題：

( )❶ 一般而言，兩國發生貿易將使　(A)兩國福利同時提高　(B)小國福利提高，大國福利降低　(C)兩國福利將因競爭激烈而降低　(D)競爭力強的國家福利提高，弱的福利降低。

( )❷ 國際貿易的發生，古典的理論認為是基於　(A)差別利益的法則　(B)比較利益的法則　(C)報酬遞增的法則　(D)成本遞增的法則。

( )❸ 依照比較利益法則，則　(A)邊際報酬遞增　(B)邊際成本遞增　(C)分工有利　(D)大規模生產經濟。

( )❹ 依現代比較利益理論的說法　(A)一個勞力豐富的國家應出口勞力密集產品　(B)一個資本豐富的國家應出口資本密集產品　(C)一個國家的比較利益決定在它的要素稟賦　(D)以上皆是。

( )❺ 若A國生產麵粉的效率是B國3倍，生產酒的效率是B國的4倍，則　(A)A國生產麵粉具比較利益　(B)A國在生產酒，具比較利益　(C)A國在生產麵粉及酒都具有比較利益　(D)B國在生產麵粉及酒都具有比較利益。

( )❻ 設生產一單位的衣服，我國需要100勞動小時，美國需要90勞動小時，生產一單位的水泥，我國需要120勞動小時，美國需要80

勞動小時，則　(A)我國由美國進口衣服與水泥　(B)沒有國際貿易發生　(C)我國出口水泥，進口衣服　(D)美國出口水泥，進口衣服。

（　）❼設生產一單位的穀物，我國需要 70 勞動小時，美國需要 100 勞動小時，生產一單位的電腦零件，我國需要 80 勞動小時，美國需要 60 勞動小時，在此情況下　(A)我國出口電腦零件，進口穀物　(B)美國出口穀物，進口電腦零件　(C)我國出口電腦零件，美國出口穀物　(D)我國出口穀物，美國出口電腦零件。

（　）❽下列那一項市場條件會造成進口增加？　(A)本國貨幣貶值　(B)國外物價上漲　(C)本國貨幣升值　(D)本國提高進口關稅。

（　）❾「國外資金流入」產生於以下何種情況？　(A)本國利率低於國外利率　(B)本國貨幣預期貶值　(C)本國利率高於國外利率且本國貨幣預期升值　(D)物價上揚。

（　）❿若同一物品，在美國賣 6 美元，但在英國賣 4 英磅，則根據購買力平價理論，二國間的匯率，當為每英磅等於　(A)0.67 美元　(B)1.5 美元　(C)7 美元　(D)1 美元。

（　）⓫設過去一年我國的通貨膨脹率為 15％，美國的通貨膨脹率為 10％，則根據相對購買力平價理論，臺幣對美元應　(A)升值 5％　(B)貶值 5％　(C)升值 15％　(D)貶值 15％。

（　）⓬當本國的國民所得提高，則對外匯市場供需的影響為　(A)外匯供給線右移　(B)外匯供給線左移　(C)外匯需要線右移　(D)外匯需要線左移。

（　）⓭一國若採取降低關稅，開放進口，對外匯市場之影響為　(A)減少外匯需求　(B)增加外匯供給　(C)減少外匯供給　(D)增加外匯需求。

（　）⓮當國際收支有順差，央行又想避免新臺幣升值，它必需在外匯市場　(A)買進外匯　(B)賣出外匯　(C)減少貨幣存量　(D)降低利率。

（　）⓯如果一國的貨幣貶值後，會導致　(A)以外幣表示的出口品價格降低，以本國貨幣表示的進口品價格提高　(B)以外幣表示的出口品價格提高，以本國貨幣表示的進口品價格亦提高　(C)以上兩種價

格均降低　(D)以上兩種價格變動的方向不確定。

(　) ⑯假設其他情況不變，本國貨幣升值，會導致　(A)出口增加，進口減少　(B)出口減少，進口增加　(C)進出口均增加　(D)進出口均減少。

(　) ⑰如果中央銀行自外匯市場購買外匯，會造成以下那一影響　(A)增加外匯市場之外匯供給　(B)增加貨幣供給　(C)減少貨幣供給　(D)對貨幣供給無影響。

(　) ⑱當中央銀行在外匯市場賣出外匯的同時，又想維持貨幣供給不變，它應在公開市場　(A)賣出債券　(B)買進債券　(C)提高再貼現率　(D)以上皆是。

第二十三章　物價膨脹

學習目標

研讀本章之後，希望同學們對以下的主題有所瞭解

1. 物價膨脹的意義
2. 物價膨脹的類型：溫和的物價膨脹與惡性的物價膨脹
3. 物價膨脹的影響
4. 需求拉動的物價膨脹
5. 成本推動的物價膨脹
6. 貨幣數量說的物價膨脹
7. 消除物價膨脹的政策

第1節　物價膨脹的意義與類型

在日常生活中，吾人常遭遇到個別財貨價格的上漲或下跌，例如當颱風來臨時，若干農產品如蔬菜及水果，受到風吹或水淹的影響，產量大減，若市場需求未同樣減少，則蔬菜及水果的價格立刻上漲。反之，如天候良好，蔬菜及水果豐收，則由於市場供給增多，其價格便會下跌。這種農產品價格的上漲與下跌，每年差不多經常會發生。

與個別財貨價格的漲跌有密切關係的，是一般物價水準的上漲或下跌。所謂物價水準是市場多種財貨的平均價格，其中又有躉售物價及消費物價之分。所謂躉售物價又稱批發物價，是大宗物資在生產者之間從事交易的價格。所謂消費物價又稱零售物價，是消費者在零售市場所付的價格水準，其中尚包含一部分消費性勞務的價格。在物價水準的變動中，下跌的情況比較少見，而上漲的情況在長期間卻經常發生，因此吾人常關心物價膨脹問題。所謂物價膨脹即長期間物價水準持續上漲的現象。此種物價上漲不是個別財貨價格的上漲，而是所有財貨價格的普遍上漲。也不是短期間一次的上漲，而是長期間繼續不斷的上漲。

物價膨脹按物價水準每年上漲的程度來區分，可分為溫和的物價膨脹及惡性的物價膨脹兩種。所謂溫和的物價膨脹，是每年物價水準上漲的百分比保持一位數字，即在百分之十以下，平均在百分之二、三到百分之六、七之間，此種膨脹可說經常存在。如果物價水準上漲的百分比，每年均超過一位數字甚至更大，即可稱為惡性的通貨膨脹。例如我國在對日抗戰的後期，每年物價水準的上漲率即超過百分之十以上，甚至超過百分之一百達到三位數，自然成為一種惡性的通貨膨脹。又如民國六十二年十月以後，全世界發生石油危機，世界石油輸出國家組織，對石油實施減產禁運，並大幅度的提高價格。這一石油危機立刻導致世界大部分石油消費國家，物價水準大幅上漲，上漲的幅度，平均每年超過百

分之十，達到兩位數字，亦可稱得上是惡性物價膨脹。

事實上因石油危機而出現的物價膨脹，是一種新的類型，即所謂停滯性膨脹，即一方面物價水準大幅度的上漲，另一方面經濟停滯，失業人數增加。在過去物價膨脹每多出現在經濟繁榮時期，當經濟停滯時，物價水準往往是下跌的。而在石油危機中，物價膨脹卻與經濟停滯同時存在，因而令有關國家感到相當的困擾；亦因此而產生了一個新名詞，即所謂痛苦指數，是指失業率與物價上漲率兩者之和。例如失業率若為百分之十二，物價上漲率為百分之十四，則痛苦指數即為百分之二十六。因為失業高會令社會感到痛苦，物價上漲率高，亦使社會感到痛苦，兩者並存，當然更使社會感到痛苦了。此項指數愈高即表示社會痛苦的程度愈大。

第 **2** 節　物價膨脹的影響

物價膨脹不論是溫和的還是惡性的，對經濟所產生的不利影響，總是多於有利的影響；尤其它會造成經濟活動的扭曲，導致社會所得的重分配，以及少數人的不當利得，對經濟造成莫大的傷害。因此各國都設法儘量避免物價膨脹的出現，一旦出現之後，亦儘量採取各種可行的政策，以期消除此一現象，並減少其對社會不利的影響。

一般說來，在溫和的物價膨脹之下，生產者，債務人及非固定收入者，可能獲利。因生產者可隨時視物價膨脹的程度，調整其產品的售價，而構成其成本因素的工資，卻不會立刻調整，因此生產者的利潤可能增加。債務人若其債務在名目上是固定的，則當其償還債務時，名目雖未變，實質上貨幣的購買力已降低，故其債務的負擔，實際上已降低。至於非固定收入者多屬自由職業者，如醫師，會計師等，其向顧客所收取之費率，可隨物價膨脹而提高，不至於受到損失。反之，一般消費者，債權人及固定收入者，在物價膨脹下則會受到損失。消費者必須以更高

的價格，才能購得原來數量的產品。債權人其債權的名目雖未變，但債權的實質價值降低，無形中受到損失。固定收入者多屬受薪階級，如政府的公務人員，教師，工商業中的職員，他們的收入多固定不變，不是隨時可以調整的。因此在物價膨脹期中，他們的收入不變，但其購買力已降低，不易維持原來的生活水準。尤其年老退休，依靠退休金或養老金維持生活的人，其退休金、養老金固定不變，在不斷上漲的物價水準之下，其生活將愈來愈困難。

在惡性物價膨脹之下，除了少數會投機的人以外，無論對生產者、消費者、債權人、債務人與固定收入者，均屬不利。在惡性物價膨脹之下，生產者產品價格的上漲，往往趕不上成本的增加，因而會導致虧累損失。消費者更是面對不斷上漲的物價，不易維持原來的消費水準。債權人雖可提高其名目利率，但也往往趕不上物價上漲的程度。債務人雖因物價上漲會獲利，但也會遭遇到無法舉債之困擾。固定收入者在惡性物價膨脹之下，生活將更為困難。至於會投機的人，在惡性物價膨脹之下，常會囤積居奇，操縱物價，因而會獲取暴利。而且由於他們的囤積居奇，不肯出售，使市場物資更顯得缺乏，更會助長物價上漲的速度。

在惡性物價膨脹情況之下，由於每一個人對未來的可能演變，皆無把握，亦即未來充滿了更高的風險與不確定性，因而會影響他的正常經濟決策，生產者往往不會增加生產，而是減少生產。消費者為了怕將來的物價更漲，往往會大量儲存生活必需品，促使市場的供應更感不足。生產農產品及原料的人，往往希望獲得更高的價錢，因而不肯出售。由於這些現象的出現，經濟的正常運作，往往會因之扭曲。

由於在物價膨脹時，社會各階層的人，其所得的變化並不一致，因此會產生社會所得重分配的現象。高所得的人所得會更高，低所得的人所得會更低，本來所得分配相當平均的社會，由於物價膨脹，會使所得的分配不平均。

正因為物價膨脹對經濟有不利的影響，各國政府都儘量設法，採取各種政策，使物價膨脹不致發生。但在瞭解政府能採取何種政策以前，

吾人當先分析物價膨脹所以會發生的原因。

第3節　需求拉動的物價膨脹

　　導致物價膨脹的原因很多，因而有關物價膨脹的理論也很多。首先吾人介紹需求拉動的物價膨脹理論。根據這一理論，認為如果社會有效需求過高，超過社會在充分就業狀態下所能供應的財貨數量，則由於財貨的供不應求，將會導致物價膨脹。所謂社會有效需求，主要來自於民間消費，民間投資，及政府財政支出。其中民間消費比較穩定，而民間投資及政府財政支出，由於某種原因變化較大。如果這兩項需求增加得太多，而社會的生產量一時供應不上，物價就會膨脹。

　　在財政支出方面，如果國家遭遇到對外戰爭，政府的戰費支出大增，這種額外支出若不能完全以提高租稅收入，或發行公債來彌補，政府若借助於增加貨幣的發行以應付戰時財政支出，等於政府自由創造購買力；這種支出的增加所增加的對各種財貨的需求，一定會超過社會所能生產的各種財貨的供應能量，由於供不應求，於是物價水準便會繼續上漲。我國在對日八年抗戰時期，由於沿海沿江各省相繼淪陷，關稅，鹽稅及統稅（相當於現在的貨物稅）大幅減少；而政府為了因應戰爭，戰費支出大量增加，收支不足之數，一部分雖以發行公債及借外債支應，仍有一大部分不得不靠增加通貨發行以彌補。因此在戰時，我國通貨膨脹之情勢甚為嚴重，到民國三十四年八月抗戰勝利時，物價比戰前差不多漲了兩千七百多倍。

　　縱然一國在財政上並無長期的赤字，但若過分擴大投資，而社會現有的資源並無法滿足投資的需要，社會儲蓄亦不足，無法供應投資所需的資金。為了滿足投資的需要，假如銀行透過擴充信用的方式，對投資者大量融資及貸款，遠超過其向客戶所接受之存款，造成所謂信用赤字的現象，則這種人為所創造的購買力，對市場所生產的財物，將形成過

高的需求，由於供不應求，亦會促成物價的膨脹。二次大戰後若干發展中國家，因過分重視加速經濟發展，獎勵投資，但因資金並無來源，乃容忍銀行大幅擴張信用，遂造成普遍的物價膨脹現象。此在非洲若干新獨立的國家，及拉丁美洲部分國家，均有這種經驗。

縱然政府財政無赤字，銀行信用亦無赤字，但如一般消費者，受到國外高消費水準的刺激，同時對未來的經濟前途過分樂觀，往往會超出其所得的能力，以各種方式增加其消費，甚至不惜舉債，則由於生產能力無法趕上消費的增加，亦會導致物價膨脹。此在二次大戰後若干新獨立的發展中國家，常有這種現象。

事實上，當發生需求拉動的物價膨脹時，政府財政上的赤字，銀行信用的赤字，以及消費者超過其所得能力從事消費，差不多會同時存在，而使吾人無法分辨那一項是促使物價膨脹最主要的原因。

在需求拉動的物價膨脹中，吾人尚須瞭解一重要的概念，即膨脹缺口。所謂膨脹缺口，即實際有效需求超過能維持社會充分就業的有效需求，其超過額即膨脹缺口。圖 23－1 中，橫座標表所得，縱座標表由消費、投資及政府財政支出所合計的有效需求。E_0E_0 所代表的有效需求能使社會達到充分就業，此時所決定的所得水準為 Y_0，此即充分就業所得水準。假如實際的有效需求超過 E_0E_0，而為 E_1E_1，則超過之數 AB 即稱為膨脹缺口。事實上，社會達到充分就業以後，短期間總產量無法增加，由於供不應求，物價一定膨脹，最後的均衡所得雖為 Y_1，名目上比 Y_0 為大，實際上實質出產量未變，由於物價上漲，所以名目所得增加，而使均衡所得增加為 Y_1。

反之，如果實際有效需求低於能維持社會充分就業的有效需求，其不足之數即稱為緊縮缺口。圖 23－1 中的 E_2E_2 線即是這樣的有效需求，其低於 E_0E_0 之數，即 AD 即是緊縮缺口。因為在現代社會，物價水準有向下的僵固性存在，即縱然有供過於求的現象，物價亦不會下跌。因此當有緊縮缺口存在時，均衡所得為 Y_2，其與 Y_0 的差額，不是因為物價水準下跌所造成，物價水準大體不會變，但產量因供過於求而減少，因

此 Y_2 所以比 Y_0 低，乃是總產量減少之故。

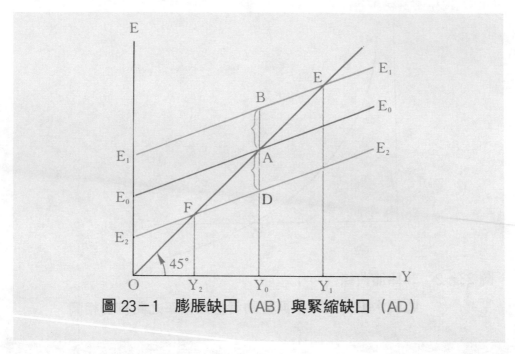

圖 23-1　膨脹缺口（AB）與緊縮缺口（AD）

第4節　成本推動的物價膨脹

根據成本推動的物價膨脹理論，認爲物價所以上漲，乃是由於生產成本增加，生產者不願自行負擔，將其轉嫁於產品之上，提高產品的價格，由消費者負擔，因而造成物價上漲。成本當中最重要的是工資，現代工資水準的決定，主要是透過工會與僱主集體議價而進行的。在議價過程中，爲了爭取勞工的福利，工會方面往往不斷要求提高工資，僱主若無法拒絕，接受後多轉嫁於產品的價格之上，因而導致物價上漲，此亦可稱爲工資推動的物價膨脹。

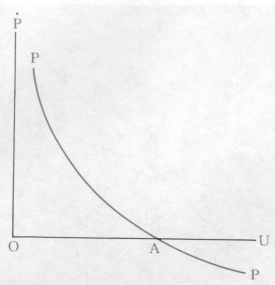

圖 23－2 菲律浦曲線（PP）
物價水準的上漲率與勞動者的失業率之間有負相關

澳洲經濟學者菲律浦（A. W. Phillips），曾利用英國 1861 年到 1957 年的統計資料，從事實證分析，發現工資水準的變動與勞動者的失業率之間有負相關的關係；即失業率愈低，工資上漲率愈高，失業率高，則工資上漲率低。物價水準的變化與工資水準的變化則有正相關的關係；即工資水準的上漲率高，物價水準的上漲率亦高，工資水準的上漲率低，則物價水準的上漲率亦低。透過工資水準的關係，物價水準的上漲率與勞動者的失業率之間亦有負相關，菲律浦因而引申出以他為名的菲律浦曲線，如圖 23－2 所示，橫座標表勞動者的失業率，縱座標表物價的上漲率，PP 即是菲律浦曲線，它是一根由左上方向右下方延伸的曲線，表示物價上漲率與失業率之間有替換關係，失業率愈低，物價上漲率愈高，失業率愈高，則物價上漲率愈低。如失業水準超過 OA，物價水準不漲反跌。由菲律浦曲線充分反映物價膨脹與工資上漲有密切關係。

構成生產成本的因素不止工資一項，如果某項重要的原料，其價格因某種原因而長期上漲，透過物價之間的聯鎖效果，亦會導致物價膨脹。例如民國六十二年十月，中東以色列與埃及爆發了戰爭，世界石油輸出

國家組織（OPEC），爲了支援埃及並抵制西方國家，發動了石油危機，大幅度的提高石油價格，並實施石油禁運。石油價格在短短的三個月之內，上漲爲原來的五倍。因爲石油不僅是最重要的能源，也是重要的工業原料，如石油化學工業完全要利用石油。由於油價的大幅上漲，凡消費石油的國家，物價無不大漲而造成長期的膨脹，形成了所謂停滯性膨脹問題，此亦可稱之爲成本推動的物價膨脹。同時，對若干不產石油而需大量輸入的國家而言，石油漲價的衝擊完全來自於國外，本國無能爲力，因此亦可稱爲是輸入型的物價膨脹。我國於民國六十三年以後的物價膨脹，即是一例。

第**5**節　貨幣數量說的物價膨脹

重視貨幣因素的學者認爲，在任何情況下，物價膨脹純粹是貨幣現象，亦因貨幣原因而產生。他們認爲貨幣既然是交易的媒介，又是價值的標準，則貨幣數量決定物價水準。而貨幣數量的增加，或貨幣供給額的成長率增加，一定會導致物價水準的上漲。他們所依據的理論基礎，即一般所謂的貨幣數量方程式，此方程式的形態如下：

$$MV = PT \tag{23-1}$$

此方程式中的 M 代表貨幣數量，V 代表貨幣的流通速度，若以一年爲時間單位，即一年之內，一單位貨幣轉手的次數。P 代表物價水準，T 代表總交易量。此方程式一般稱爲交易方程式，方程式的左邊代表交易時貨幣的一面，方程式的右邊則代表財貨的一面，交易時一手交錢，一手交貨，兩者必然相等，故此方程式亦可看成是恆等式。

就全社會的觀點，在短期內，社會的交易總量受到總供給的影響，大體上相當固定。流通速度則決定於社會長期所建立的支付方式與交易習慣，因此短期間亦不會變動。此兩個因素既不變，則貨幣數量 M 與物

價水準之間，存在有因果關係，由 M 即可決定物價水準。換言之，若政府提供一定的貨幣數量，透過社會大眾的交易，即能決定一物價水準。在此一物價水準下，旣無財貨供不應求的現象，亦無供過於求的現象。如果物價水準不能維持財貨的供需平衡，假定供不應求，一定會引起物價水準的上漲，假定供過於求，一定會引起物價水準的下跌，最後物價必到達此一水準，即能使財貨的供給與需求達到均衡，此即貨幣數量決定物價水準的理論。

　　假定社會在均衡狀態下，由於某種原因，貨幣供給額增加，於是對此增加的貨幣供給額，社會大眾必以之交換各種財貨，社會上將出現供不應求的現象。由於供不應求，物價水準將上漲，待物價水準上漲至某一新水準，由於物價已漲，對於新增加的貨幣，社會大眾不再感覺過多，於是財貨市場又恢復均衡。若以 ΔM 表示貨幣供給額的增加量，ΔP 表示物價水準的上漲部分，則恢復均衡後，下列方程式依舊成立，即

$$(M + \Delta M)V = (P + \Delta P) \cdot T \tag{23－2}$$

　　理論上，如果貨幣供給額僅有一次的增加，則物價水準亦僅有一次的上漲，上漲至一新價位後，即不再繼續上漲。但若貨幣供給額繼續不斷的增加，則物價水準即將繼續不斷的上漲。現代貨幣學派的學者即認爲，某些國家的政府，爲了促進經濟繁榮，達成充分就業，不斷以增加貨幣供給額爲手段，提高社會有效需求，結果充分就業不一定能達成，卻引起了物價膨脹的現象，因此他們對貨幣因素非常重視。

　　如本章第 3 節所述，當一國財政上出現長期赤字時，亦往往會以增加貨幣發行的方法，予以彌補。此時貨幣供給額不斷增加，物價水準亦不斷上漲，形式上此種物價膨脹現象可用貨幣數量說來解釋，其實更基本的原因，乃是在財政上有長期赤字故也。

第**6**節　消除物價膨脹的政策

物價膨脹對經濟旣屬不利，亦易引起所得重分配的現象，對固定收入者不利，因此各國政府都設法避免物價膨脹的出現。而當物價膨脹爲無法避免時，如石油危機所引起的物價膨脹，則爲了使物價膨脹對社會所造成的傷害達到最小，往往會採取各種政策，常被採用的政策，約有下列幾種：

一、在財政政策方面，政府可以減少不必要的或次要的財政支出，以減少政府對各種財貨與勞務的需求。或提高稅率，開徵新稅，以增加財政收入。由於國民納稅數量增加，可減少民間對財貨與勞務的需求。或一方面減少財政支出，同時另一方面增加稅收，雙管齊下，其效果比僅減少財政支出，或僅增加稅收要來得大，此在第二十章討論政府財政時已有說明。

二、在貨幣政策方面，政府透過中央銀行可提高重貼現率，或存款準備率，以減少貨幣供給額。或從事公開市場操作，出售政府所持有的證券，收回市場上過多的貨幣，以降低社會對各種財貨及勞務的需求。此在第二十一章討論貨幣政策時已有說明。

三、除上述兩種政策外，政府還可以採取直接管制所得或物價的政策，即凍結工資，利率，地租，或重要財貨的價格，在一定時間內不得上漲；或上漲的幅度不得超過某一定水準，以維持物價水準的穩定。唯採取此一政策，除非配合配給政策，以及具有高水準的行政效率，往往不易收效，且容易引起黑市買賣，物資短缺，生產減少，市場機能被扭曲等副作用，因此若非必要，不宜輕易採行。

摘　　要

　　物價水準長期持續上漲的現象稱爲物價膨脹。可分爲溫和的物價膨脹，惡性的物價膨脹，及停滯性膨脹。

　　物價膨脹對經濟常會產生不利的影響。不僅會使經濟活動的正常運作，受到扭曲，且會引起所得及財富的重分配，對固定收入的人造成損失，更容易引起囤積居奇等投機活動。

　　導致物價膨脹的原因很多，因而亦有各種的物價膨脹理論，其中較重要的有：㈠需求拉動的物價膨脹理論，認爲社會有效需求如超過社會在充分就業時的生產能量，則會出現各種財貨及勞務的供不應求，因而導致物價膨脹。㈡成本推動的物價膨脹理論，認爲構成生產成本的因素，如工資，或重要原料的價格上漲，生產者將其反應於產品的價格，會引起物價膨脹。1973 年以後世界性的停滯性膨脹，即由於石油危機所造成。㈢貨幣數量說的物價膨脹理論，認爲物價純粹是一貨幣現象，亦由於貨幣因素所造成。根據貨幣數量方程式，如果貨幣供給額不斷增加，其他情況不變，會引起物價膨脹。

　　各國爲消除物價膨脹現象，可採取減少財政支出，增加租稅收入等的財政政策。亦可採取提高重貼現率，存款準備率，或採取公開市場操作等貨幣政策。更可採取管制物價，工資，利率得直接管制政策。通常爲增加政策效果起見，多同時採取多種政策。

重要名詞

溫和的物價膨脹	停滯性膨脹
惡性的物價膨脹	膨脹缺口

緊縮缺口

痛苦指數

貨幣流通速度

需求拉動的物價膨脹

成本推動的物價膨脹

貨幣數量說的物價膨脹

菲律浦曲線

貨幣數量說

交易方程式

作業題

問答題：

❶ 何謂物價膨脹？物價膨脹有那些類型？

❷ 何謂需求拉動的物價膨脹？何謂膨脹缺口？何謂緊縮缺口？

❸ 何謂菲律浦曲線？此曲線表示什麼意義？

❹ 貨幣數量說對物價膨脹提出何種解釋？

選擇題：

(　)❶當實際有效需求大於充分就業的有效需求，這種現象稱之為　(A)緊縮缺口　(B)政府支出增加　(C)貨幣供給增加　(D)膨脹缺口。

(　)❷在凱因斯模型中，緊縮缺口係指實際有效需求　(A)低於維持充分就業必須之有效需求水準　(B)高於維持充分就業必須之有效需求水準　(C)等於維持充分就業必須之有效需求水準　(D)以上皆非。

(　)❸當經濟體系處於膨脹缺口時，政府應該執行下列何者政策較為適當　(A)降低法定準備率　(B)增加政府支出　(C)增加貨幣供給量　(D)提高稅率。

(　)❹菲律浦曲線是表達經濟體系中　(A)物價水準和失業率的關係　(B)預期物價上漲率和失業率的關係　(C)工資及物價關係　(D)工資及失業率的關係。

(　)❺菲律浦曲線說明失業率與預期物價上漲率兩者間　(A)變動方向相同　(B)存在替換的關係　(C)不具有任何關係　(D)失業率即為預期物價上漲率。

(　)❻當物價膨脹存在時，會造成何種影響　(A)對出口有利　(B)對國際收支有利　(C)使本國物品價格相對高於國外　(D)使利率上升。

（　）❼我們定義痛苦指數爲　(A)物價膨脹率與利率之和　(B)失業率與匯率之和　(C)物價膨脹率與失業率之和　(D)所得分配平均指數。

（　）❽存在物價膨脹時，對所得分配的影響爲　(A)對債權人較爲有利　(B)對債務人較爲有利　(C)對債權人與債務人均有利　(D)對債權人與債務人均不利。

（　）❾對所得分配來說，物價上漲對下列何者不利？　(A)中央銀行　(B)投資者　(C)債權人　(D)所得具有彈性者。

（　）❿物價膨脹將使得　(A)債權人受益　(B)債務人受害　(C)固定名目收入者受害　(D)投資實質資產者受益。

（　）⓫依貨幣數量說之觀點，以下敘述何者會導致需要拉動的通貨膨脹？　(A)貨幣供給減少　(B)貨幣流通速度增加　(C)產出減少　(D)財政支出減少。

（　）⓬造成需求拉動物價膨脹的原因是　(A)總合供給不斷減少　(B)總合需求不斷減少　(C)總合供給不斷增加　(D)總合需求不斷增加。

（　）⓭「工會要求提高工資」與「政府支出增加」兩種市場行爲　(A)對價格的影響不同，對所得的影響相同　(B)對價格的影響相同，對所得的影響不同　(C)對價格與所得的影響均相同　(D)對價格與所得的影響均不同。

（　）⓮對於物價與所得的影響，以下那一個政策具有相同的效果？　(A)油價提高，貨幣供給增加　(B)油價提高，政府支出增加　(C)政府支出增加，貨幣供給增加　(D)油價下降，匯率貶值。

（　）⓯以下敘述，那一項爲正確的？　(A)「政府支出增加」與「貨幣供給增加」均造成「成本推動」物價膨脹　(B)「政府支出增加」與「貨幣供給增加」均導致「需求拉動」物價膨脹　(C)「貨幣供給增加」與「原料價格提高」均導致「需求拉動」物價膨脹　(D)「政府支出增加」與「原料價格提高」均造成「成本推動」物價膨脹。

（　）⑯如果有太多的貨幣追逐太少的商品的現象，會造成那一類的物價
　　　膨脹？　(A)惡性　(B)成本推動　(C)需求拉動　(D)緊縮式。

第二十四章　經濟循環

學習目標

研讀本章之後，希望同學們對以下的主題有所瞭解

1. 經濟循環的意義與類型
2. 經濟循環不同階段的特質
3. 經濟循環的理論：消費不足說，投資過多說，創新集中說與乘數——加速現象交互作用理論

第①節 經濟循環的意義與類型

從長期觀點，經濟體系不但會出現物價膨脹現象，還會出現經濟成長與經濟循環現象。所謂經濟成長，即無論是總出產量、就業水準及實質國民生產毛額，長期間會持續不斷的增加。所謂經濟循環，即經濟活動常表現出一種波動的現象，繁榮與衰退會交互出現；某一時期，無論投資、消費與生產等均增加得很快，而在下一時期，可能增加得很慢，甚而趨於停滯。何以經濟上會出現成長與循環現象？下一章吾人將討論經濟成長與經濟發展，本章先討論經濟循環。

經濟循環按其延續時間的長短，發生的原因，有好幾種不同的類型，其重要者有：

1.**季節變動** 即在一年之內所形成的一相當固定的波動現象，某一時期經濟活動達到高潮，其他時期則比較沈靜。導致季節變動的原因，多係氣候或風俗習慣所造成。因一年有四季之分，農作物的生產多集中於春夏秋三季，冬季因天氣寒冷，農業生產多暫告停止，因此農業生產即形成一季節變動。工業生產中亦有類似情形，某些產品夏季的需要量特多，冬季最少，春秋兩季次之。另有些產品，可能冬季的需要量特多，夏季最少，春秋兩季次之，於是這些產品在一年之內，即出現相當固定的季節變動。在風俗習慣方面，我國於農曆春節前，經濟活動最活躍，交易量亦最大。而端午中秋二節，市場亦同樣活躍，但比之春節則較差，因此此三個節日形成季節變動之高潮，其他時期則較為清淡。在美國社會，聖誕節，復活節，感恩節，相當於我國之春節，端午及中秋，此三節亦形成季節變動的高潮。

2.**小循環** 約在三至四年完成一周期的循環稱為小循環。在此一時期內某些月份經濟活動很繁榮，生產量及商品銷售量均告顯著上升，就業水準亦增加。而在另一些月份，生產量及商品銷售量增加甚少，甚至

會降低，失業率可能增加。在其他月份，經濟活動則介於此兩者之間，於是就三四年觀察，經濟活動形成上升，下降又上升的波動現象。造成小循環現象的原因，多由於廠商進行存貨的調整。因某一時期若銷售量增加，廠商的存貨可能會減少，為了補充存貨，廠商可能向生產者增加訂貨。生產者為了應付增加的訂單，將增加原料的購買及勞動者的僱用，於是產量增加，經濟出現繁榮。但當生產者先後交貨，一般零售或批發廠商的存貨增加後，這些廠商便會減少訂貨。生產者由於訂單減少，會減少原料的採購及勞動者的僱用，於是經濟又再度衰退。這一波動的時間約三至四年可以完成，亦即構成一小循環。

3. **大循環**　其波動延續的時間比小循環長，約七年至十一年完成一周期，故稱為大循環。歐洲自產業革命發生，逐漸工業化以後，即持續出現這種大循環現象，而以二十世紀三十年代的世界性經濟大恐慌達到最高潮。二次世界大戰後，最初似乎不再出現，但從六十年代後期開始，各國又出現了大循環的現象。這種大循環為吾人在本章中主要的研究對象，簡稱之為經濟循環，亦有稱之為商業循環或景氣變動者，其意義均指此一大循環而言。

4. **建築循環**　此為美國學者研究十九世紀後半與本世紀初美國經濟，所發現的一種循環，出現在房屋建築業中，平均每十七年半發生一次。建築循環發生的原因，一方面由於人口的增加，新家庭的出現，對房屋的需求增加；另一方面則由於房屋的興建，由設計，興工到完成，須要相當的時間。當對房屋的需求增加時，引起房屋興建的增加，但房屋的供給卻不能立即增加，只要供不應求的情況繼續存在，房屋開工率一定會居高不下。但等房屋逐漸完成，很可能會由原來供不應求變為供過於求，於是新房屋的興建又逐漸減少。經過相當時間以後，房屋又感供不應求，於是又開始下一次的繁榮。如此周而復始，便形成了建築循環。這在我國似乎也有這種現象，但循環的期間較短，約五年左右。

5. **長期波動**　這是本世紀初一位俄國學者康德拉鐵夫（N. D. Kondratieff），研究由十八世紀八十年代到二十世紀二十年代，全

世界經濟曾表現為三次長期循環，每次循環平均約五十四年，因其時間較長，故稱為長期波動。

第②節　經濟循環不同階段的特質

對於上述五種循環，本章僅討論第三種，即所謂大循環。為了分析在一次循環中經濟體系各方面的特質，吾人通常可將一循環期分成幾個階段，圖 24-1 中橫座標表示時間，縱座標表示所得，設吾人暫不考慮經濟成長因素，則消除經濟循環因素後的長期趨勢值為 LL，而實際的變動，則是依 ABCDEF……的過程前進的。其中有一半在趨勢值之上，有一半在趨勢值以下，由 A 經 B 到 C，再經 D 到 E，剛好完成一個循環周期，由 E 點開始便進入另一個周期。實際上因為這是一周而復始的波動現象，吾人無論從那一點，都可視作循環的開始。設吾人以 A 點視作循環周期的開始，由 A 點到 B 點，稱為繁榮期，由 B 點到 C 點稱為衰退期，由 C 點到 D 點稱為蕭條期，由 D 點到 E 點則稱為復甦期。各時期中經濟活動的特質，可簡單說明如下：

1.繁榮期　繁榮期乃承續上一復甦期而來。在復甦期中由於社會有效需求的增加，生產活動不斷提高，消費及投資活動不斷擴充，待進入繁榮期後這種趨勢更為顯著。由於各種財貨的銷路增加，一般零售商及批發商為補充存貨，乃向生產者增加訂貨，生產者為增加生產，乃增加對各種生產因素的購買及僱用，於是勞動者的就業增加，能逐漸達成充分就業狀態。另一方面由於投資增加，對資金的需求增加，利率水準將開始上漲，由於對勞動的需求增加，工資水準將開始上漲，連帶一般物價水準亦開始上升。對一般生產者言，由於工資及利率的提高，生產成本增加，但在時間上常落於物價上漲以後，因此生產者的利潤亦會增加。就整個社會言，此時所得水準大幅上升，社會充滿了樂觀氣氛。可是這種繁榮景象不可能維持太久，因為社會生產能量的增加，受到現有生產

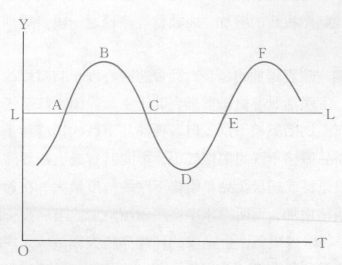

圖 24－1　經濟循環的階段

AB 部分爲繁榮期，BC 部分爲衰退期，CD 部分爲蕭條
期，DE 部分爲復甦期。

設備的限制，有其一定的最大限度，當這一極限到達時，經濟擴張的速
度必將被迫降低。擴張的速度一旦降低，則加速現象的反作用會出現，
導致投資的需求減少，社會有效需求亦將減少。不僅如此，由於一旦社
會各項投資活動逐漸完成，產品推出市場時，市場的供給增加，物價上
漲的趨勢可能被遏止，產品滯銷的現象可能出現。無論那一種因素出現，
均足以使企業家的利潤降低。在此種背景下很可能由於一項偶然因素的
出現，使社會心理由樂觀轉爲悲觀，產生經濟上的一項危機，亦因此使
經濟由繁榮期轉入衰退期。

　　2.**衰退期**　衰退期來臨時，由於一般企業家對企業前途不再樂觀，
同時由於商品的銷路減少，利潤降低，故投資活動大爲減少，生產降低，
對勞動力的需求亦減少，就業水準將降低，失業增加，因而所得水準亦
將減少。在物價水準方面由於銷售量降低，生產者急於求現，一般物價
將下跌，但一般購買者因預期物價將更跌，往往延遲購買，因而促成物
價更形下跌，使社會呈現出生產過剩的現象。在金融方面，由於政府的

干預，利率水準可能已告降低。可是由於企業家投資的意願不高，利率的降低並不能刺激投資的增加，而社會經濟經過一段衰退期以後，即將進入蕭條期。

3.**蕭條期**　隨衰退期的延長，社會悲觀心理一時難以改變，投資活動繼續降低，生產活動亦繼續萎縮，若干生產設備，甚至任其損耗而不予更新或補充。物價繼續下跌，但各種商品下跌的幅度並不相同，一般的，生活必需品價格下跌的幅度較小，中間財貨或生產設備下跌的幅度較大，而一般原料或初級產品，價格下跌的幅度最大。在蕭條期中，失業的人口將繼續增加，而所得水準亦將繼續降低。因為投資的減少或停止，利率水準將降得更低，企業家的利潤亦將大幅減少。同時，由於經濟的蕭條及勞動者的失業，亦可能引起社會的不安。不過無論如何，此一蕭條時期不可能無限延長。由於社會生產設備的損耗，終有到達需要補充更新的一天，生產者存貨的減少，終有需要補充的一天，當這些需要出現時，經濟即將由蕭條期轉入復甦期。

4.**復甦期**　當生產設備急需更新，存貨急需補充時，企業家的投資意願及投資活動即開始增加。投資活動一旦增加，對於各種生產因素的需求即告增加，因此就業水準不再下降，轉而逐漸提升。另一方面，由於存貨不足，物價水準亦不再下跌，甚而止跌回升。因為就業水準的逐漸提高，所得水準亦將增加，社會有效需求將因此提高。生產的增加及所得水準的提高，將促使社會心理由悲觀轉為樂觀。此一現象既經出現，一定會帶有感染作用，社會經濟必將逐漸恢復繁榮，因而復甦時期開始出現。不過在復甦期中，由於上一期蕭條的影響，為使各方面能逐步調整起見，經濟擴張的速度不會太快，社會的樂觀心理亦將逐漸培養。另一方面，由於生產活動的增加，物價的止跌回漲，利潤的提高，以及就業水準的上升，此一社會樂觀心理必將逐漸成熟，而經濟擴張的速度亦必日漸提高，經濟亦將由復甦期再次進入到下一個繁榮期，經濟循環也就完成了一個周期。

第**3**節　經濟循環的理論

現代經濟何以會出現經濟循環的現象？亦即經濟循環的原因何在？對此一問題，學者之間提出了多種理論，其中有些理論，尚非本書的程度所能說明，吾人選擇較爲簡單的幾種加以介紹。

1.**消費不足說**　認爲現代經濟生產能力很高，但由於儲蓄偏高，消費支出不能充分吸收所生產的財貨，於是每經過一段時期，社會便出現存貨過多無法銷售的現象。爲了出清這些存貨，於是投資減少，生產萎縮，經濟出現衰退，甚而蕭條。必須等到現有存貨逐漸減少急需補充時，投資活動才開始恢復，生產才能增加，從而勞動者的就業與所得水準均開始提高，經濟又從復甦期走上繁榮期。

2.**投資過多說**　認爲現代生產是一種間接生產或迂迴生產，爲生產最後財貨必須先生產各種生產設備。一旦社會出現最後財貨生產不足時，爲增加生產，必須先增加各種生產設備的生產。但由生產設備的生產到最後產品的出現市場，中間須經過一相當長的時間。在這段時間內，只要最後的財貨供應不足，投資活動一定會繼續增加，其產品亦源源不斷出現於市場。但往往由於生產者的投資過多，等到全部投資逐漸完成進行生產時，市場上最後產品又可能出現供應過多無法銷售的現象，導致若干投資無利可圖，於是投資又開始減少，經濟轉爲衰退，最後又會出現最後財貨供應不足的現象，於是又再次的促使投資增加，乃產生了循環波動現象。而其基本原因，乃在投資增加時往往投資過多。學者之間曾用這樣的比喩加以說明；冬季寒冷，在房屋中生火爐取暖，要房屋中的溫度高，必須多加煤。溫度就如最後產品，加煤就等於投資。當室內溫度不夠時，吾人開始加煤，但煤需慢慢燃燒，吾人嫌溫度不夠，於是不斷加煤，煤往往會加得太多。等到全部煤都燃燒時，吾人又嫌溫度太高，於是又減少加煤，讓溫度逐漸降低，可是當溫度降低到適中時，煤

往往已燃盡，溫度已開始降低，於是吾人又開始加煤，但溫度應不會立刻回升，於是又繼續加煤，結果由於加得太多，溫度上升後可能又嫌過高。煤加得太多就是造成溫度時高時低的原因，就如投資過多是造成經濟循環的原因一樣。

3.**創新集中說** 創新的意義，在討論利潤的成因時，已說明利潤是創新活動的報酬。創新活動亦被用來解釋經濟循環現象。根據這一理論，認為某項創新活動一旦出現，一方面往往會引起其他創新活動繼續出現，另一方面也會引起其他人的模仿。無論是創新活動或是模仿行為，往往集中出現，因此亦引起投資的大量增加。為因應投資的需要，金融體系往往會擴充信用，以供應投資者以必要的資金，貨幣供給量會大幅增加，從而導致經濟的繁榮。但一旦投資完成，產品大量上市，其價格會逐漸下跌，不但創新者的利潤減少；同時亦須償還金融機構的貸款。於是信用緊縮，如果新的創新活動不能適時出現，經濟將會轉為衰退，甚至出現蕭條，須要等待下一次創新活動再集中出現時，經濟才能轉為復甦，而進入另一個繁榮期。因此此一理論乃以創新的集中出現與消失，作為經濟循環反復出現的原因。

4.**乘數現象與加速現象交互作用理論** 吾人在所得決定模型及投資函數理論中，已分析過乘數現象與加速現象的意義。現代學者則認為乘數現象與加速現象的交互作用，是經濟循環出現的主要原因。根據這一理論認為，如果某一外在因素促使投資增加，則透過乘數現象會引起所得的增加。所得增加後將引起消費支出的增加，從而引起對各種消費財需求的增加，這又會透過加速現象引起投資的進一步增加，於是乘數現象與加速現象交互發生作用，所得水準乃不斷提高，經濟乃進入繁榮階段。但是社會生產能量在短期間有其一定的限度，當生產能量因消費及投資的增加而已全部應用時，則投資不可能再增加，於是投資增加的速度將減慢。投資增加的速度一降低，則透過加速現象負方向的變化，投資的需求將轉為減少。投資減少，透過乘數現象，所得亦將減少，於是經濟轉為衰退。在衰退期間，投資很可能完全停止，社會會出現資本設

備過剩的現象，此時經濟即可能由衰退轉為蕭條。但投資停止以後，社會資本設備必將逐漸損耗，不但原來資本設備過剩的現象可逐漸消失，最後必會出現資本設備急需補充或更新的情況，此時投資需求開始出現，投資活動逐漸恢復，經濟乃由蕭條轉向復甦。投資活動一旦恢復，則透過乘數作用，所得水準又將增加，消費支出亦隨之增加。消費的增加，透過加速現象，又促成投資需求的增加。由於這些影響，經濟又由復甦轉向下一個繁榮期，而完成了經濟循環的一個周期。為充分說明乘數現象與加速現象的交互作用，常須應用較高深的差分方程式的分析方法，此非本書的範疇，因此從略。

摘　要

　　經濟循環是經濟上所出現的一種繁榮與蕭條交互出現的波動現象。依據時間的長短，可分爲季節變動，小循環，大循環，建築循環及長期波動等幾種類型。

　　大循環一般可分爲四個階段，即復甦期，繁榮期，衰退期及蕭條期，此四個階段通常構成一完整的周期。

　　爲解釋經濟循環何以會發生，有各種不同的理論。其中較重要的有，消費不足理論，投資過多理論，創新集中理論，及乘數現象與加速現象交互作用理論。

重要名詞

經濟循環	建築循環
季節變動	長期波動
小循環	復甦
大循環	繁榮
衰退	投資過多理論
蕭條	創新集中理論
消費不足理論	乘數現象加速現象交互作用理論

作業題

問答題：

❶ 何謂經濟循環？經濟循環有那些類型？

❷ 在經濟循環的繁榮階段與蕭條階段，在經濟上常表現出何種現象？

❸ 創新理論對經濟循環現象，提出何種解釋？

選擇題：

( ) ❶ 經濟循環的各階段依序排列為 (A)蕭條期、繁榮期、復甦期、衰退期 (B)蕭條期、復甦期、繁榮期、衰退期 (C)復甦期、蕭條期、繁榮期、衰退期 (D)蕭條期、復甦期、衰退期、繁榮期。

( ) ❷ 現代經濟循環理論是建立在何種理論之上 (A)消費不足說 (B)加速原理 (C)乘數原理與加速原理交互作用 (D)消費理論與生產理論交互作用。

( ) ❸ 所謂乘數——加速理論是討論 (A)投資增加引起所得增加 (B)所得增加所引起投資增加 (C)投資增加引起所得增加與所得增加所引起投資增加的連鎖動態反應 (D)消費不足造成投資過多。

( ) ❹ 當經濟循環位在衰退期，則政府應該執行何種政策 (A)提高重貼現率以緊縮銀根 (B)提高稅率以增加收入 (C)提高政府支出以刺激消費 (D)賣出政府發行的債券。

( ) ❺ 乘數現象與加速現象交互作用理論認為下列何種因素是造成經濟循環的主要原因 (A)消費增加 (B)創新集中 (C)消費不足 (D)投資增減。

( ) ❻ 導致季節變動的經濟循環的主要因素是 (A)氣候或風俗習慣 (B)廠商進行存貨的調整 (C)消費不足 (D)人口的增加。

( )❼在房屋建築業的經濟循環，我們稱之為　(A)大循環　(B)建築循環　(C)小循環　(D)長期波動。

( )❽通常股票市場在年底時，交易量會增大，這種循環我們稱之為　(A)季節循環　(B)建築循環　(C)小循環　(D)長期波動。

( )❾以下所述，何者不為造成經濟循環的主要因素是　(A)投資過多　(B)創新集中　(C)消費不足　(D)人口的增加。

第二十五章 經濟成長與經濟發展

學習目標

研讀本章之後，希望同學們對以下的主題有所瞭解

1. 經濟成長的意義
2. 經濟成長的兩種理論：凱因斯學派與新古典學派
3. 經濟發展的意義
4. 經濟發展的理論：平衡成長理論、不平衡成長理論、經濟成長階段論、經濟成長形態論

第①節 經濟成長的意義

　　從長期觀點，任何一國的經濟不可能是靜止不變的，隨時間的經過，一國的人口數量將不斷增加，新的天然資源將不斷被發現，科技水準亦將不斷進步，新生產方法將不斷被發明，新產品亦將不斷出現，從而一國的就業水準，總出產量，國民生產毛額，亦將逐年增加。因而，從長期觀察，一國經濟不但會出現循環波動現象，物價膨脹現象，也會出現經濟成長現象。所謂經濟成長，亦即前述的總就業量，總出產量，國民生產毛額，每年按一定的百分比增加。不過為了衡量一國的經濟成長率，通常均以一國實質國民生產毛額的增加率來表示，亦即若某年實質國民生產毛額的增加率為百分之五，則其經濟成長率即為百分之五。

　　二次世界大戰以後，世界經濟已開發國家，均重視加速經濟成長。不僅因為經濟成長，可不斷提高每人平均所得，提高生活素質，而且為了經濟的穩定，也必須維持適度的經濟成長，因為這與投資的性質有關。任何投資活動事實上均具有雙重性質；從需求的一面來看，投資是一項有效需求，因為為了進行投資必須購買各種產品與勞務。但從供給的一面來看，投資活動完成以後，增加了社會的生產設備，提高了社會生產能量。對於所增加的社會生產能量，若不能加以利用，則會產生資本過剩的現象，將會使進一步的投資減少。但如何能維持新增加的生產設備被充分利用？顯然必須社會有效需求增加，亦即消費與投資活動能繼續增加，使新增加的產品與勞務能有銷路，亦即經濟能不斷成長。基於此一考慮，故各國均非常重視經濟成長，並採取各項政策，以加速經濟成長。

第2節　經濟成長理論

經濟既有成長現象，但成長率是如何決定的? 爲解答此一問題，現代有各種不同的經濟成長理論，其中較爲重要的有兩種，一種可稱爲凱因斯學派的經濟成長理論，另一種則爲新古典學派的經濟成長理論，現將兩種理論的內容，簡單介紹如下:

1.**凱因斯學派的經濟成長理論**　此一理論主要是依據凱因斯 (J. M. Keynes，1883－1946) 的理論體系爲基礎，加以引申而產生的。凱氏是英國經濟學者，他自己雖未提出成長理論，但此一理論係根據他的理論所建立的，所以稱之爲凱因斯學派的經濟成長理論。爲使說明簡單起見，吾人不考慮貨幣因素，亦不考慮技術進步的影響，同時也不考慮政府的存在。另外此一理論亦有若干基本假定，它假定生產係數固定，亦即爲生產一單位的產品，必須使用一定數量的資本，及一定數量的勞動;資本與勞動這兩種生產因素之間沒有代替性，但是生產活動必須同時使用這兩種生產因素。其次爲表示資本與產品之間的關係，它提出資本係數一概念，或稱資本產出率，亦即生產一單位產品所需使用資本的數量，當然這是固定的，設以 v 表示。同時它亦假定社會儲蓄傾向是固定的，平均儲蓄傾向等於邊際儲蓄傾向，設以 s 表示。

爲決定經濟成長率，吾人可先由資本的一面來考慮。資本來自於投資，而投資須靠社會的儲蓄，在均衡時兩者相等，即

$$I = S \qquad\qquad\qquad (25-1)$$

但投資所增加的生產設備，透過資本係數能使所得增加，所得的增加量必爲

$$\Delta Y = \frac{I}{v}$$

或

$$I = v \cdot \Delta Y \qquad\qquad (25-2)$$

由儲蓄的意義，吾人知

$$S = sY \qquad\qquad (25-3)$$

由以上三式，顯然

$$v \cdot \Delta Y = s \cdot Y$$

兩端同除以 v、Y，得

$$\frac{\Delta Y}{Y} = \frac{v}{s} \qquad\qquad (25-4)$$

(25-4) 式的左端即代表所得，或國民生產毛額的增加率。若吾人以 g_w 表示，即

$$g_w = \frac{v}{s} \qquad\qquad (25-5)$$

故經濟成長率決定於資本係數及社會儲蓄傾向。若以數字說明，設 s = 15%，v = 3，代入 (25-5) 式

$$g_w = \frac{15\%}{3} = 5\%$$

即經濟成長率爲百分之五。

　　若吾人由另一生產因素勞動來分析，設勞動力因人口的增加，每年增加 n%。顯然要維持此新增加的勞動力都能就業，則無論社會有效需求，國民生產毛額，及經濟成長，亦必須增加百分之 n。設以 g_n 表此一增加率，則

$$g_n = n\%$$

若 n 爲 1.5，則經濟成長率即爲 1.5%。因此在凱因斯學派的經濟成長理論中，就出現了兩個成長率；因爲這兩個成長率的決定因素不同，因此

不可能相等。究竟實際上那一個成長率會實現？還是實際的成長率與此二者均不相同？因為此一成長理論有此問題存在，引起部分學者的不滿，於是另外又提出了新古典學派的經濟成長理論。

2.**新古典學派的經濟成長理論**　此一理論乃建立於新古典學派的理論與基本假定之基礎上。此一理論亦暫不考慮貨幣及技術進步因素，亦不考慮政府與對外經濟關係，但其所依據的基本假定則與凱因斯學派的經濟成長理論有所不同。新古典學派的理論假定生產係數不固定，亦即資本與勞動有相當高的替換性。如果資本充裕，勞力稀少，則在生產過程中可多用資本，少用勞力。如果資本稀少，勞力充裕，則在生產過程中少用資本，多用勞力。並且假定資本與勞動均能獲得充分使用與充分就業。同時假定社會儲蓄傾向為 s，勞動的增加率為 n。

因為資本與勞動有充分的替換性，於是透過社會儲蓄傾向及勞動的增加率，即能決定每一勞動者所能使用的資本量。如勞動的增加率不變，儲蓄傾向高，則每一勞動者所能使用的資本量便多。反之，儲蓄傾向低，則每一勞動者所能使用的資本量便少。如果社會儲蓄傾向不變，則勞動的增加率大，每一勞動者所能使用的資本量便少；若勞動的增加率小，則每一勞動者所能使用的資本量便多。換言之，由 $\frac{s}{n}$ 的比率，即可決定每一勞動者所能使用的資本量。

每一勞動者所能使用的資本量既經決定，則在技術不變的條件下，每一勞動者的生產量亦能決定。將每一勞動者的生產量乘上全部勞動者的人數，則總產量亦能決定。顯然，若技術不變，如果勞動者的人數固定不變，則總產量亦不變，此時便沒有經濟成長的現象。如果勞動力每年的成長率為 n，因每人的生產量不變，則總生產量的增加率為 n，亦即經濟成長率亦為 n。

因此在新古典學派的經濟成長理論中，沒有資本產出率這一概念，從而社會儲蓄傾向不能決定經濟成長率。社會儲蓄傾向連同勞動增加率，僅能決定每一勞動者所能使用的資本量。在技術水準不變的情況下，進而決定每一勞動者的生產量，從而亦決定總生產量。因此僅有當勞動力

增加時，經濟才能成長，而經濟成長率即等於勞動的增加率。

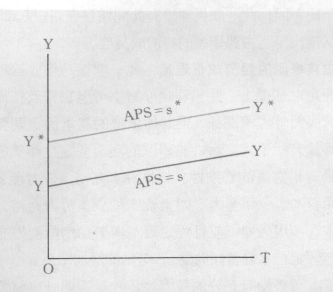

圖 25－1　社會儲蓄傾向（APS）提高的影響

　　　　使總產量由 OY 增加至 OY*，但其經濟成長率則依然爲 n。

　　在新古典學派的經濟成長理論中，僅有一個成長率，而不像凱因斯學派的經濟成長理論，有兩個不同的成長率，而且這一成長率亦相當穩定。所以會有此不同的結果，主要的是在新古典學派的成長理論中，資本與勞動可以充分替換，而在凱因斯學派的經濟成長理論中，資本與勞動則不能互相替換。因此，如果社會儲蓄提高，其他情況不變，在凱因斯學派的經濟成長理論中，將會使成長率 g_w 提高。而在新古典學派的成長理論中，不會使成長率提高，僅能使每一勞動者所能使用的資本量增加。當然每一勞動者的生產量亦會增加，總生產量的水準亦會提高，但其成長率卻不會變，吾人可用圖形表示之。圖 25－1 中橫座標表時間，縱座標表總產量的對數值，若原來社會儲蓄傾向爲 s，勞動的增加率爲 n，則總產量的成長趨勢爲 YY，其成長率爲 n。若勞動的增加率不變，社會儲蓄傾向由 s 增加爲 s*，則總產量由 OY 增加爲 OY*，其成長趨勢則爲

Y^*Y^*，其水準雖增高，但其成長率則不變，仍舊是 n，即勞動的增加率。

第**3**節　經濟發展的意義

在二次世界大戰後，與經濟成長受到同樣重視的尚有經濟發展。經濟發展與經濟成長常被認為是同義語，事實上兩者的意義並不一樣。經濟發展的意義遠較經濟成長為複雜，因而經濟發展一詞多應用於發展中國家，而經濟成長一詞多用於已開發國家。因已開發國家經濟結構多已定型，常以工商服務業為主，經濟上所關心的問題，是如何維持所得，就業，及總產量的持續成長，很少涉及其他問題。但在發展中國家，其經濟結構尚多停留在工業化以前的階段，以基本產業為主，工業尚未發展。因此經濟發展不僅要能使所得，就業及總產量能不斷成長，更要先完成經濟結構的調整，即如何從一個以基本產業或農業為主的結構，轉變為以工商業為主的經濟結構，其過程至為複雜，不僅涉及經濟層面，亦涉及政治、教育、文化、社會、及宗教等層面，此所以經濟發展的意義遠較經濟成長為複雜的原因。

何以二次世界大戰後，經濟發展受到各國的重視？這有兩個原因。第一個原因是，二次大戰後，若干在戰前原是西方列強殖民地的地區，現在紛紛都成為獨立的國家，如非洲各國，亞洲的中南半島、菲律賓、印尼、馬來西亞、印度、巴基斯坦及中東各國。這些國家政治上雖已獨立，但在經濟上仍非常落後，為了能保障其政治上的獨立，發展經濟乃成為其第一要務。第二個原因是，蘇聯在第二次大戰後，大事擴充其勢力範圍；不僅在東歐扶植了若干所謂社會主義的衛星國，而且向戰後新獨立的國家，以共產主義美好的謊言，向這些國家滲透。自由世界國家自不願這些國家淪入鐵幕，為了幫助這些國家抵抗共產主義，則必須幫助這些國家發展經濟。於是不但在國際合作方面，成立了若干國際性機構，如國際貨幣基金，世界銀行，國際開發協會，以及聯合國地區性的

社經理事會等，協助發展中國家加速經濟發展。而且在理論上亦產生了各種經濟發展的理論，提出了能加速經濟發展的各種策略。

第④節　經濟發展的理論

為如何加速經濟發展，學者間提出了多種理論，比較重要者有下列幾種。但在這些理論中的所謂成長，實際指經濟發展而言，讀者對此當不至有所誤解。

㈠**平衡成長理論**　這一理論認為在發展中國家，一般的所得水準甚低，因此一方面其購買力不足，社會無足夠的有效需求。另一方面社會亦無足夠的儲蓄，以供投資之用。表面上由於這些國家工商業不發達，一般的消費水準很低，從社會全體看，似乎進行投資為有利。但由個別投資者看，則未必有利，因其投資所生產的產品，未必能有足夠的銷路，因為一般消費者均缺乏足夠的購買力也。但在這種社會投資於一項產品的生產，雖未必能成功，若能同時投資於多項產品的生產，則每項投資事業中就業的勞動者，其所得水準提高，即可能購買各種產品，於是每一項產品均有銷路。舉例言之，發展中國家的人民可能缺少鞋子穿，如吾人在此一國家投資於皮鞋工廠生產皮鞋，似乎應有銷路。當然在皮鞋工廠就業的勞動者，因為所得增加，有能力可以購買皮鞋，但是其他的人，就不一定有購買皮鞋的能力，鞋廠所生產的皮鞋不一定能全部銷售。不過假定吾人同時投資於多種生產事業，不僅生產皮鞋，亦生產衣服，各種食品、家具、交通工具，以及各種服務業，於是在皮鞋廠就業的勞動者，不但可購買皮鞋，也可以購買加工食品、衣服、家具；在製衣廠就業的勞動者，不但可購買衣服，也可以購買皮鞋、加工食品、交通工具；同樣在食品加工廠就業的勞動者，不但可購買加工食品，也可以購買衣服、皮鞋、家具。依此類推，各生產事業互相支援，互為顧客，於是一項孤立的投資所不能完成的任務，在多項投資同時進行時便能獲得

成功。因此平衡成長理論認爲，爲加速經濟發展，必須各項投資活動同時並進，並保持各產業間之平衡。能採取這一策略，經濟即能快速發展。

　　㈡**不平衡成長理論**　對於上述平衡成長理論，若干學者並不同意，而提出了不平衡成長理論。他們認爲所謂平衡成長不但不可能，而且不必要。發展中國家資源本已缺乏，企業人才本已不足，如何能有充分的資源與人才從事多樣投資，並保持其間的平衡？假如發展中國家能有充裕的資源與人才，供投資之用，則經濟發展不成問題，而該國也不會仍然停留在發展中階段了，因此平衡成長爲不可能。發展中國家資源及人才旣屬有限，若同時將有限的資源與人才，平均使用於各方面，必將使每一部門皆感到不足，使每一部門的發展皆受到限制，因此這種平衡成長的策略也不必要。

　　根據不平衡成長理論，認爲經濟發展本來是一不平衡的過程。在發展過程中，某些產業常發展得較快，領先於其他產業；而某些產業則發展得較慢，落後於其他產業。並且由於各產業間具有互相聯鎖的作用，某一產業的發展，常會帶動並刺激其他的產業一齊發展。例如發展煉鋼業，由於鋼鐵產量的增加，可帶動機械業，交通工具業，建築材料業的發展。另一方面由於煉鋼的需求，可刺激礦業、煉焦、電力、氧氣製造等業的發展。任何產業都具有這種聯鎖效果，不過其效果的大小，隨產業的不同而有所差異。

　　並且經濟發展是一不平衡的過程，亦表現在產業結構的改變上。隨經濟的發展，工商業在經濟結構上所佔的比重日漸增加，而農漁等基本產業所佔的比重則日漸降低。即同在工業之中，某部分發展得較快，另一部分則發展得較慢，甚而萎縮，根本不可能維持相互間的平衡。因此不平衡成長理論認爲，爲發展經濟必須採取不平衡的策略，即選擇聯鎖效果大的產業作爲領導部門，先行發展。待這一部門發展完成後，自然會帶動其他部門共同發展，這可能比同時在各種產業中投資，所需要的資金少，而所收的效果大。同時，爲了進行直接投資，生產財貨與勞務提供市場，常須要有若干社會基本建設，如動力及水源的供應，港口及

倉庫的設備，及交通運輸工具等。而這些社會基本建設，或因其所需資金太多，民間無力進行，或不能獲得直接收益，民間多不願投資，必須依賴政府投資。因此為了便利民間直接投資，政府可先進行社會基本建設的投資。如果社會基本建設完備，即可刺激民間的直接投資活動。待民間投資已多，社會基本建設再度感覺不足時，政府再進行大規模的社會基本建設。如此使社會基本建設與民間直接投資，形成一種領先與追趕的過程，相互刺激，亦可達到加速經濟發展的效果。

　　㈢**經濟成長階段論**　美國經濟學者羅斯陶（W. W. Rostow），歸納西方經濟已開發國家的成長過程，認為任何國家由未開發狀態過渡到高度開發，一般都經過五個階段，此五個階段的名稱與特質如下：

　　⑴傳統社會　這也是工業革命發生以前的社會，經濟活動主要以農牧等基本產業為主，工業不發達，僅有小型手工業，亦缺少服務業與金融業。社會通常是閉鎖的，國際貿易微不足道。生產技術很落後，每人平均所得甚低，社會儲蓄甚少，政治、文化、社會等其他層面亦同樣落後。

　　⑵起飛前的準備階段　此一階段通常開始於受到外來衝擊以後。外人挾其優越的生產技術及產品叩關，使傳統社會受到了震撼，而產生了自覺性的革新運動。由國外輸進的科學智識，亦改變了人民的視野，認識到進步之可能與必要，激發了民族的積極性，從而致力於物質生活的改善。

　　⑶經濟起飛　此是一關鍵階段，起飛成功，經濟體系即能產生一種內在的能使經濟持續成長的動力。在起飛階段經濟上通常出現三種特質，第一，生產性的投資活動，由原來低於國民所得的百分之五，增加到百分之十以上。第二，在產業中出現某些部門，其成長較其他部門為快，成為一成長中心，帶動其他部門的成長。第三，政治、文化及社會等其他部門，亦因應經濟的變化而同時變化，特別在政治上往往能建立起強有力的中央政府，有利於經濟的成長。

　　⑷向成熟經濟邁進　經濟起飛能順利成功，如無特殊因素，隨投資

活動之擴大，工商業之發展，及所得水準之提高，經過適當時間，經濟發展即告成熟。經濟結構也有了徹底的改變，由原來以基本產業為主轉變為以工商業為主，一般生活水準也有了顯著的改善。

⑸**大量消費時期**　當經濟已達成熟狀態，由於生產力之提高，個人所得之增加，乃有能力從事大量消費，而整個社會亦到達完全開發狀態。

對發展中國家而言，最值得重視的是起飛階段，猶如飛機之升空，滑行速度達到某一水準後，飛機即能起飛升空，自由飛翔。若未能超過此一速度，飛機仍將停留於地面。亦即若經濟不能起飛，即無法產生一自發的持續成長的動力。

㈣**經濟成長形態論**　由於現代計量分析方法的進步，及各國統計資料的完備，經濟學者乃收集大多數經濟已開發國家，從產業革命以後到現在的統計資料。同時也收集了大多數發展中國家目前已有的資料，利用計量分析的方法，發現所有國家的經濟發展過程，可歸納為三種形態，即大國形態，小國以輸出工業產品為導向的形態，及小國以輸出基本產業產品為導向的形態。所謂大國小國之分，是以人口數量及土地面積為準，這三種發展形態的特質如下。

所謂大國即人口眾多且土地面積相當廣大，因而重要的經濟資源亦相當充裕。國內市場亦相當廣大，透過社會儲蓄所累積的資金，亦足可供國內投資之需。因而這些國家為推動經濟發展，往往不需要倚賴國外資金，亦不需要倚賴國外市場。利用本身的資金及國內市場，即能產生經濟發展的誘因與動力，國際貿易對這些國家的初期發展並不重要。過去英國、法國、德國、美國即是這種形態。

所謂小國以輸出工業產品為導向的形態，這些國家人口不多，土地面積亦相當狹小，因此經濟資源往往並不豐富，為發展經濟所需要的資金亦感不足。同時國內市場狹小，不足以維持一規模經濟的產業存在。因此這些國家的經濟發展，不但需要外來的資金，更需要有國外的市場，以補本國市場的不足。對於這些國家，拓展對外貿易將是促進經濟發展的發動機。因此為推動經濟發展，可選擇若干其產品有國際市場的產業

優先發展。其發展目標不是為了滿足本國的需要，而是為了輸出。當這些產品能獲得廣大的國外銷路後，不但可累積為進一步發展所需的資金，且可由國外取得本國所缺少的資源，同時亦可提高國內的生產力，增加國內的就業，提高國內的所得水準，而整個發展過程即可逐漸完成。中華民國的臺灣地區、新加坡、香港，即是這一發展的形態。

至於小國以輸出基本產業產品為導向的形態，此類國家，人口數量甚少，土地面積亦狹小，或土地面積雖大，卻多為沙漠等不毛之地。但這些國家卻有一特質，即蘊藏有豐富的某種特殊的天然資源。此項資源有廣大的國際市場，為各國所需要。因此這些國家為發展經濟，不必先發展工業，只要輸出此天然資源，即可獲得充裕的收入，以提高國內的所得。為開發及輸出這種資源，亦可增加國內的就業。至於本國所需要的工業產品，則可以先由國外進口，再以輸出這類天然資源所獲得的收入，在國內逐漸建立。二次大戰後沙烏地阿拉伯、科威特、阿拉伯聯合大公國即為這種形態。這些國家多為沙漠地區，其他資源不豐，但卻蘊藏有豐富的石油，任何國家皆有需要。

以上三種形態，雖說是屬於統計的歸納，但亦為一般發展中國家，提供了發展經濟的方向與策略，值得吾人重視。

摘　　要

　　一國的總就業量，總出產量及國民生產毛額，逐年增加的現象稱為經濟成長。通常以一國實質國民生產毛額的年增加率，作為一國經濟成長率的指標。

　　為解釋經濟成長現象，並分析成長率如何決定，有兩大重要理論體系，一為凱因斯學派的成長理論，另一則為新古典學派的成長理論。

　　經濟發展通常用來說明發展中國家經濟進步的現象，因為它不僅涉及經濟成長現象，也涉及經濟結構的調整，故其所討論的問題，較經濟成長問題為更廣泛。

　　為提供經濟發展策略，亦有各種經濟發展理論，較重要的有平衡成長理論，不平衡成長理論，經濟成長階段論，及經濟成長形態論。

重要名詞

經濟成長	平衡成長理論
投資的雙重性質	不平衡成長理論
凱因斯學派的成長理論	經濟成長階段論
資本係數	經濟成長形態論
新古典學派的成長理論	聯鎖效果
經濟發展	經濟起飛

作業題

問答題：

❶ 何謂經濟成長？經濟成長通常如何衡量？

❷ 新古典學派經濟成長理論，其成長率是如何決定的？

❸ 何謂經濟發展？它與經濟成長在意義上有何不同之處？

❹ 根據不平衡成長理論，為加速一國的經濟發展，應採取何種策略？

選擇題：

(　)❶經濟成長意指　(A)就業水準按一定百分比上升　(B)失業率按一定百分比降低　(C)實質國民生產毛額按一定百分比增加　(D)人口按一定百分比增加。

(　)❷凱因斯學派的經濟成長理論認為經濟成長率『不』受下列那一項因素的影響　(A)資本係數　(B)社會儲蓄傾向　(C)勞動成長率　(D)市場利率。

(　)❸凱因斯學派的經濟成長理論有何缺點　(A)有兩個經濟成長率，不知何者較有解釋能力　(B)經濟成長率決定於資本係數　(C)資本係數無法衡量　(D)社會儲蓄傾向是固定的。

(　)❹經濟成長與經濟發展的主要差別在於　(A)經濟發展必須留意所得的成長　(B)經濟發展必須留意於經濟結構的調整　(C)經濟成長必須涉及政治層面的問題　(D)經濟發展不需要考慮失業的問題。

(　)❺美國經濟學者羅斯陶對經濟發展過程提出的理論為　(A)經濟成長形態論　(B)經濟成長階段論　(C)平衡成長理論　(D)不平衡成長理論。

(　)❻根據羅斯陶的理論，您認為目前臺灣地區的經濟發展屬於那一個

階段　(A)經濟起飛　(B)經濟起飛前的準備　(C)向成熟經濟邁進　(D)傳統社會。

( )❼羅斯陶的理論中向成熟經濟邁進的階段有何特色　(A)基本產業以工商業為主　(B)基本產業以農業為主　(C)基本產業以服務業為主　(D)生產性投資活動增加。

( )❽以羅斯陶的理論來看，日本的經濟發展屬於那一個階段　(A)經濟起飛　(B)大量消費時期　(C)向成熟經濟邁進　(D)傳統社會。

( )❾若以經濟成長形態論來審視臺灣地區的經濟發展，則其形態屬於　(A)大國以輸出工業產品為導向　(B)小國以輸出工業產品為導向　(C)小國以輸出基本產業產品為導向　(D)大國以輸出基本產業產品為導向。

附錄　當代經濟思潮

1 導　論

今天本人非常榮幸能到貴班來，同各位討論有關經濟問題，各位都是專家，在服務的工作崗位上，都有深入的了解和研究，因此今天能到各位面前，報告自己研究的心得，同時也很希望從各位能得到指教。今天報告的主題，是：「當前經濟思潮」。

這問題非常廣泛，也許在大學裏要花一學期的時間去討論，要在短短的三小時內做一個概略的介紹，並不容易，不過各位都是專家，我想只要把主要的概念向各位提示一下，各位舉一反三，也就不難了解當前的思潮概況。

何以引起我向各位報告此問題，主要有兩個原因，第一，最近幾年，由於世界性經濟衰退，各國為克服通貨膨脹及失業現象，政府總是不斷考慮究竟應採取什麼政策措施？學術界、輿論界也不斷討論，究竟怎樣的政策，是適當的政策，可以解決問題？因此我們從國外，特別是我們關係比較密切，在學術上具有領導地位的美國，學術界為這問題爭論很多。這種爭論反應不同的思想，影響到美國經濟，當然也間接影響到我國的經濟，因此我們對當前思潮的主流，似乎要有個了解，知道何以有這種爭論？第二，最近兩年國內在經濟政策上連帶在經濟理論上也發生過同樣的爭論，引起社會上各方的重視，各位在報紙上也都看到，他們爭辯的主題，似乎着重在這些問題，主要是關於利率問題的爭論，也就

是利率與貨幣存量兩者之間的爭論，中央銀行的貨幣政策，所謂權衡性的爭論，也牽涉到對通貨膨脹這個問題原因和消除對付的方法的爭論；爭論的一方，似乎把重點放在貨幣供給量上，也就是對貨幣存量的控制，認爲利率，政府不應該管；而另一方面把重點放在利率的調整和利率的控制上，認爲貨幣的存量應該放鬆，這兩個觀念，可以說正針鋒相對。與這兩個觀點有關的，一方認爲政府對於所謂的貨幣政策不應該採取一種主動的權衡的態度，而另一方認爲政府有這種責任對貨幣存量採取一種權衡，而積極主動的採取適當的政策。同樣，對通貨膨脹產生的原因，及應該採取什麼政策去消除它，也有不同的看法；一方認爲通貨膨脹根本是貨幣現象，其發生原因來自貨幣因素，因此要從貨幣的存量控制去消除通貨膨脹；另一方則表示當前的通貨膨脹是輸入型的，由於國際性的油價，工業原料價格的上漲而造成，國內貨幣因素影響不大。那麼，今天這兩個不同的想法何以產生，何以表現得這樣激烈？事實上，它也是國外經濟思潮的爭辯，在國內的反應。由於這兩個原因，使我個人深深感覺到我們有深一層了解，看反應着這一種爭辯的當前的經濟思潮主流是什麼？我們可以說，當前的經濟思潮的主流包含三方面，第一是凱因斯學派的經濟理論：

　　雖然凱因斯學派飽受批評，但是今天仍然代表經濟思想當中某些經濟學人士的一個思想方式，從客觀了解，並不是像某些經濟學家所講的，凱因斯學派已經死了，事實上還沒有死，很可能將來他的影響力有擴大的趨勢，所以對凱因斯學派經濟的思想，他的主要觀點是什麼？我們將做一個簡單的說明。

　　第二更受重視的是所謂貨幣學派，也是早期所謂芝加哥學派，由弗里曼（Milton Friedman）所領導，不過現在芝加哥學派這個名詞，不再使用，一般使用 Monetarism（唯貨幣論），我們簡單地叫它貨幣學派，在弗里曼之外，這方面學者非常多，H. Johnson，K. Brunner……這些人都是，現在還有很多年輕的，也許我們不太常聽到；當然貨幣學派只是一個概括性名稱，每個人理論、主張不一定完全相同，可是我們可以把它

共同點舉出來，可以代表目前影響最大範圍最廣的經濟思潮。

　　第三是理性預期學說（Rational Expectation Hypothesis）這個概念在 1961 年就由 J. F. Muth 提出來，不過最初不大受人重視，到七十年代以後，因為全世界通貨膨脹很嚴重，所以開始受到重視，由若干學者進一步加以發揮，形成一個主流。比較次要的，也曾經引起很多人關心的，尚有供給面經濟學，當然供給面經濟學（Supply-side-Economics）是新的，但比較這三個主流，它還算是次要的。現在我們看這三個不同主流，他們的理論要點是什麼？ 如果時間許可的話，還希望更深入說明，何以會產生這主流？ 它產生的時代背景是什麼？ 因為思想不是憑空產生的，它是有促成的時代背景，是現代經濟發展，連同其他因素所促成的。經濟現實會引起新的經濟思潮，反過來，經濟思潮也會影響經濟現實。

❷凱因斯學派經濟理論

　　關於凱因斯學派，主要概念，我們大多已了解，因為凱因斯理論提出來到現在已有四十多年，雖然凱因斯本人已在 1946 年去世，但思想影響層面甚廣，二次大戰以後，最初的二十年可說是凱因斯學派的黃金時代，凱因斯學派代表當時的經濟思想的主流，也就是「新經濟學派」（New Economics），不但學校講授經濟理論是以凱因斯學派為主，且影響到西方國家的經濟政策；最顯著的，英國在 1945 年，通過就業法案，美國在 1946 年通過就業法案；這兩個法案可說是完全受到凱因斯思想的影響，認為透過市場機能不能保證充分就業的實現，在經濟衰退時，貨幣政策不容易產生效果，因此社會有效需求不夠，必需以政府力量來管理有效需求，有效需求不足的時候，要創造有效需求。過去政府對經濟事項是不管的，由於這理論的提出，認為政府有義務要負起穩定經濟之責，所以在戰後馬上通過就業法案，確認政府在必要時要採取適當的財政及貨幣政策，來促成最大產量，最大就業量與物價穩定，所以我們說戰後

的最初二十年是凱因斯思潮的黃金時代。

　　凱因斯經濟學，可以說是需求面經濟學，它的理論基礎是有效需求原理，是流動性偏好理論。凱因斯之前，總體理論是新古典學派；新古典學派的理論可以說是供給面經濟學。因為新古典學派，它的理論基礎，一是 Say's Law，一是貨幣數量說。Say's Law 的概念：供給需求是一物的兩面，供給能為本身創造需求，所以需求不用考慮，只關心供給就可。如果市場是完全競爭，根據新古典學派的理論，充分就業是會自動出現的，新古典學派為了關心供給，其理論中最重要的是生產函數，所以我們說新古典學派的經濟學是供給面經濟學。它的另一個基礎是貨幣數量說，貨幣的使用不影響經濟活動，只影響物價，這一性質就是貨幣具有中立性。

　　當然，現在的供給面經濟學與新古典學派不完全一樣，新古典學派的供給面經濟學重視生產因素的數量、技術，有一定的勞動、資本，一定的生產技術與資源就可生產出產品。現代的供給面經濟學，認為我們有生產因素，生產技術，但不能足夠生產，是因生產誘因不夠——大家有勞動不願提供，有所得不願儲蓄，有儲蓄不願投資，意願不夠，縱有生產因素也不能生產足夠產品，因此供不應求，物價上漲。

　　凱因斯是需求面的經濟學，同新古典的供給面經濟學，觀點不同，因為凱因斯經過三十年代的大恐慌，發現供給並沒有能夠創造需求，所以他提出了有效需求原理，他的有效需求原理，也可以稱為 Keynes Law，意義就是在現代高度工業化的西方社會，有多少需求，就能引起多少供給。社會生產能量很高，但是能不能充分運用，要看社會有沒有足夠的有效需求，整個理論是從這個角度去發揮。同時他也放棄了貨幣數量說，提出了流動性偏好理論：貨幣所影響的是利率，而不直接影響物價，透過利率，影響投資，再透過投資消費影響有效需求，一定要等到有效需求超過充分就業的生產量才會引起物價上漲。他的政策導向也是從管理及控制需求着手，所以接受凱因斯理論，也就接受他的政策導向，以這種方式來穩定經濟，消除經濟循環，達成充分就業。

戰後初期至六十年代，當時對通貨膨脹 inflation 問題，凱因斯學派還不太重視，因為戰後二十年來並沒有發生嚴重的 inflation 現象，也沒有發生嚴重的經濟循環現象，所以有人認為由於凱因斯理論的產生和政策上的運用，使得經濟循環已成為過去了，但六十年代以後又出現了循環，才回過頭來對 Keynes 理論再加以檢討。

那麼，為了管理需求，究竟採取什麼政策呢？ Keynes 學派重視財政政策，也就是透過財政支出、租稅收入，以及對於預算加以管理來影響消費，影響投資以及影響存貨的變動。因為財政活動，可以提高有效需求（如政府公共工程），也可以降低有效需求（如租稅的課徵），因此可透過財政政策來控制有效需求；對貨幣政策重視的程度不如財政政策。對貨幣政策主要的，重視貨幣數量對利率的影響，但對貨幣數量對物價的影響不像新古典學派那樣的強調。

事實上，戰後二十年，西方國家不但是美國、英國完全走凱因斯路線，甚至於德國等歐洲的國家也是走凱因斯路線，而在戰後二十年沒有嚴重的經濟循環，以及嚴重的通貨膨脹，可以說是凱因斯思想的黃金時代。

但是到六十年代以後，情勢變了，六十年代中期以後，通貨膨脹現象日漸顯著，各國失業率升高，特別是美國，在此背景下，貨幣學派興起，它重要的人物是 Friedman。弗里曼在五十年代就高舉貨幣數量說的旗子，建立了所謂芝加哥學派，在 1968 年公開地叫出向 Keynes 反革命，因為過去一直認為 Keynes 的思想是一種革命思想，Keynes 不重視貨幣因素，而弗里曼認為貨幣因素非常重要，貨幣因素對經濟影響超過財政因素，因此他要扭轉這個現象，特別強調貨幣重要。

當然，弗里曼對 Keynes 的批評，事實上並不完全正確：Keynes 在理論上是重視貨幣因素的，但是在政策上不重視貨幣因素而重視財政政策，這是事實，但並不矛盾。Keynes 在他理論模型裏是重視貨幣因素，反對新古典學派的二分法——新古典學派把經濟理論模型分為兩個部門，一個是財貨部門，一個是貨幣部門，認為貨幣具有中立性。而 Keynes 認為

在貨幣經濟之下，貨幣是能影響經濟活動的，所以他要把財貨部門和貨幣部門合而爲一，由此可知，他對貨幣因素相當重視。他自己認爲他的理論是建立在三大心理法則之上，而這三大心理法則除了消費傾向，資本邊際效率外，就是流動性偏好，而流動性偏好就是貨幣理論。另外一個就是貨幣數量，這也是貨幣因素，所以我們說凱因斯對貨幣因素是重視的。而他對貨幣政策爲何不重視？他認爲經濟衰退時，社會可能發生一種流動性陷穽（Liquidity trap）的現象，社會大衆無限制的偏好現金，雖然貨幣供給量增加，但大家都呆藏起來。在這情形之下，貨幣政策沒有效果，只好借助於財政政策。所以當初弗里曼對 Keynes 的批評並不完全公正，有些學者如英國的 J. R. Hicks，以色列的 D. Patinkin 即認爲 Friedman 受 Keynes 思想的影響很深。

❸ 貨幣學派的理論

　　貨幣學派的理論，認爲貨幣是唯一重要的因素，其貨幣學說主要建立在貨幣數量說上，當然現代的貨幣數量說與傳統的貨幣數量說，本質上並不一樣。傳統的貨幣數量說，把貨幣數量方程式當成總需求函數來處理，換言之，貨幣數量代表社會總需求，而現代貨幣學派的貨幣數量說僅是用來建立貨幣需求理論，而不是總需求，所以這兩者在本質上不完全一樣。

　　貨幣學派一般的看法，認爲貨幣數量的變動，基本上會影響貨幣所得，長期間若干實質變數（如總產量、就業水準等等），是決定於非貨幣因素，所以貨幣數量的變化從長期看只能影響物價水準，因此貨幣是中立性的；就短期看，貨幣因素的變動，尤其是貨幣存量的變動，可能引起干擾，這種干擾也許會影響實質變數（就業、生產量）短期的變化，但從長期看則不會影響實質變數。他們認爲貨幣政策效果有其一定的時差（Time lags），政府今天採取某特定貨幣政策，並不能立刻生效，必須

經過一段時間以後，效果才出現。事實上在政策開始執行前已經就有時差——政府有關部門從了解經濟現象，有認知的時差，經濟現象發生了，等政府注意它，可能已有三個月，注意它到執行政策，又有了時差，於是等政策決定到推行，推行之後發生效果，又有了一段時差。同時，有關的決策部門不一定能完全了解經濟結構，決策者不一定是專家，因此貨幣政策的執行，常常發生反穩定效果。例如：當初政府部門發現信用太緊縮，希望採取寬鬆的貨幣政策，也適時採取了這種政策，但政策要發生效果也許要九個月到一年半的時間，就在效果快發生時，經濟結構本身可能已發生變化，反而是信用鬆濫了，加上政策效果（擴充效果），無異火上加油，經濟不但不穩定，反而景氣過熱，可能促成通貨膨脹。再如當初政府部門認為金融情況太鬆濫，而採取緊縮政策，但效果在九個月到一年半後才能產生，其間可能經濟體系本身也發生變化而緊縮了，於是等效果產生時，無異雪上加霜，經濟體系更感覺緊縮，很可能由蕭條變為恐慌，這些是由於貨幣政策的時差因素所造成。因此貨幣學派，主張以法則代替權衡，也就是政府應該維持固定的貨幣供給量的成長率，而不應該主動依據權衡去決定貨幣政策，「以法則代替權衡」可以說是貨幣學派的商標。按照 Friedman 的看法，不管經濟怎樣變動，政府每年只能維持 3% 到 5% 的貨幣供給量的成長率，而且讓大家都能了解。這樣從長期看，貨幣政策的反穩定作用就不會發生，而認為經濟體系本身有一種趨於平衡的趨向，經濟自己會照顧自己，政府最好少干預。

這種所謂「法則代替權衡」，當然凱因斯學派的學者是不太接受，所以凱因斯學派的學者不斷加以批評，比較重要的，有位叫 F. Modigliani 在當選美國經濟學會會長，發表就任演說，內容即批評以法則代替權衡的論點，說明政府積極的、主動的安定政策有其必要。Modigliani 以一項比喻來諷刺 Friedman 的主張，他說：貨幣學派的主張就好比有人要從密西士比河的上游甲地到下游另一城市乙地，按照 F 的主張，這個人該找個木桶，坐在木桶裏面，順流而下，聽其自然，過相當時間，一定會到達乙地，而不應該自己開車出發到乙地，開車雖然較快，但可能意外或

走錯路，背道而馳到達阿拉斯加，很可能在阿拉斯加染上肺炎而一命嗚呼，永遠到達不了乙地。

與凱因斯學派不同的，貨幣學派重要政策指標和重要政策工具，是貨幣存量而不是利率，所以要控制貨幣供給量成長率，而不像凱因斯學派要控制利率。貨幣學派的政策，到目前並沒有發生很大效果，以尼克森言，他曾在剛就職時說自己是貨幣學派，但過了兩年之後便改口，改為凱因斯學派，由此可知最初兩年政策是失效。

④ 理性預期的學說

到了七十年代，由於農產品價格的上升，及石油危機爆發，導致世界性長期性的停滯性膨脹，一方面物價大幅度上漲，另一方面經濟衰退，失業水準大幅度上升，產生一種過去所從來沒有過的矛盾現象。因為過去如果物價水準上升差不多是景氣過熱的時候，失業現象一定很輕微，假如有嚴重的失業現象，物價水準不可能大幅度上升，所以對這種現象，當然要有新的解釋，單純貨幣學派理論似乎已不能夠完全解釋得通，因此就產生了理性預期的學說（Rational Expectation Hypothesis）。

理性的預期學說是借助所謂自然失業率理論而發揮，認為長期的菲力蒲曲線（the Phillip's curve）根本是垂直的，所以失業率與物價水準上漲之間沒有替換關係。這先要對菲力蒲曲線有所了解，菲力蒲曲線是1958年澳洲學者菲力蒲（Allan William H. Phillip, 1914－1975）提出來的。他研究從十九世紀中葉到1957年英國的有關資料——失業水準、工資上漲率、物價上漲率，發現三者之間有密切關係，工資上漲的變動與失業率的變動形成一種反變。失業率高，工資水準上漲少，失業率低則工資上漲快；工資水準與物價之間又形成正變，其差數是勞動生產力的提高，扣除勞動生產力增加率之後，工資水準上升，物價也上升，所以物價上漲率與失業率之間有替換關係。

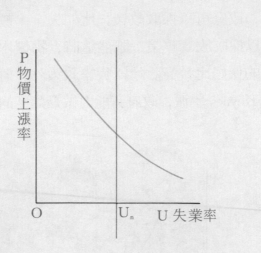

圖(1)　理性預期的菲力蒲曲線：長期菲力蒲曲線是垂直線，U_n 代表
自然失業率。

　　根據理性預期學說，長期的菲力蒲曲線是垂直線，如圖(1)，它同縱座標的交點，代表自然失業率（the natural rate of unemployment），物價水準的上升同失業率無關，在自然失業率水準下，物價水準上升可爲任何數，這完全看政府政策措施，尤其看政府對貨幣存量的控制。當然，對這菲力蒲曲線，六十年代的凱因斯學派，是認爲它不是垂直的，所以失業率與物價上漲率有替換關係，它可以選擇最適當的失業率與膨脹率，而且可借助貨幣政策與財政政策達成最適的組合。我們由社會主觀評價可以引申出社會的無異曲線，如圖(2)，代表社會上對某一個失業率與物價水準上漲率有相同的偏好，這兩者之間不同組合形成一個無異曲線，圖中虛線就是代表社會在失業率與物價上漲率兩者之間有相同的偏好的無異曲線。菲力蒲曲線代表客觀的經濟體系的性質，無異曲線代表社會主觀的偏好，因此由這兩個曲線就可以衡量社會上認爲最適當的失業率同膨脹率的組合是什麼？我們在所有的無異曲線中找到一條與菲力蒲曲線相切的一點，切點就是代表最適當的兩者的組合（圖(2)A 點，A 點表

示失業率爲 U_0，物價上漲率 P_0）；實際上，如果兩者組合不等於 A 點所代表的組合的話，政府可以採取政策；比如失業率較高，物價水準上漲率低，政府就可以採取放寬政策，雖然這時，物價水準率可提高，對社會來講，還是它的偏好比較高。除掉貨幣政策外，財政政策同樣可以採取，所以，根據 Keynes 學派，政府有能力做最適度的調整。

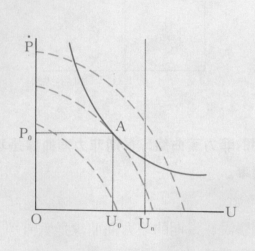

圖(2)　社會的無異曲線

同時，凱因斯學派認爲，由我們對經濟現象的了解，要找到最適當的組合，還可以透過複雜的大型的總體計量模型，可以找到最適當的貨幣政策與財政政策來調整經濟體系，使它能達到安定與充分就業。並且可以透過適當的經濟政策，所得政策、工資政策，盡量使菲力蒲曲線向左移動，使得經濟結構本身發生變化。可是貨幣學派認爲短期菲力蒲曲線有替換關係，但長期菲力蒲曲線則無，一般私經濟部門如果預期物價上漲，短期的菲力蒲曲線會向上移動，長時間有自然失業率存在，菲力蒲曲線近垂直關係。

貨幣學派的長期菲力蒲曲線和短期菲力蒲曲線，其形態如下：

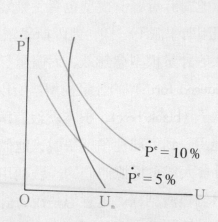

圖(3)　貨幣學派的菲力蒲曲線

斜率較低者代表短期菲力蒲曲線，斜率較高者代表長期菲力蒲曲線。假如社會大衆的預期物價上漲率變動的話，那麼短期菲力蒲曲線會向上移動，較低的菲力蒲曲線是社會大衆預期物價上漲率是 0，在失業率與物價上漲率之間有個替換關係。如果發生貨幣性的干擾，使得社會大衆預期將來物價上漲率 5%，菲力蒲曲線會向上移動，而仍然有替換關係。假如預期上漲愈高，高到 10%，則短期菲力蒲曲線愈向上移動，但是仍有替換關係。長期間菲力蒲曲線則是近於垂直的，替換關係很少，有自然失業率 U_n，這是貨幣學派的看法。

　　理性預期學說有幾個基本的前提，這些前提能不能成立我們暫時不予考慮，它認爲市場總是具有清結的功能（clear）——就是在任何情況下，市場的供需關係，交易雙方都能得到滿足，都能把市場清理掉，這不算均衡而是清結；他認爲政府雖然居於有利地位，但行政部門不可能完全了解經濟結構，對任何經濟變化沒有能力做適度的調整，或是由於政治上執行的過程（官僚程序）或爲了討好選民，而沒有調整經濟的意願（言外之意，決策者可能有私心）；把政府低能化，實際上把政府看得不屑一顧。

　　另外也認爲政府的任何政策，效果的出現有相當的時差，並且認爲時差還會變化，所以他對計量經濟模型也產生懷疑。貨幣學派對計量經濟模型態度已經與凱因斯學派不一樣，凱因斯學派重視模型，規模要大；但貨幣學派認爲愈大的計量模型愈無效，而儘量採取簡單的模型，特別重視所謂縮減式（reduced form）的計量模型。所以凱因斯派學者批評貨幣學派的模型是黑盒子（black box），根本就沒有解釋，不過貨幣學派對計量模型還是充分運用。到了理性預期學說，他們認爲由於效果的時差會發生變化，同時社會大衆會根據他們的經驗利用有關的情報來決定他的預期，這會影響整個經濟結構。這意思是說，計量模型的係數是根據過去資料估計出來的。等到發生貨幣干擾之後，整個經濟結構可能受影響而改變，換句話說，計量模型本身已變，再拿這已變的計量模型去推估，從事預測，當然沒有用。按照理性預期的理論，總體變數如就業量、總出產量，有其自然水準（natural level），但如何決定，則沒有解釋；另外有實際水準，兩者之間可能有差異，可能相等，而差異定於實際數字與預期數字之間的差異：如果實際膨脹率高於預期膨脹率，那麼實際失業率就會低於自然失業率；如果實際膨脹率等於預期膨脹率，那麼實際失業率就等於自然失業率；假如實際膨脹率小於預期膨脹率，那麼實際失業率就大於自然失業率。因爲實際膨脹率低可能表示政府採取緊縮政策，所以實際失業率就很高，這也是理性預期學說與貨幣學派要以嚴重的衰退爲代價來消除並控制通貨膨脹的原因。

　　預期這概念在經濟理論中本來早就出現，凱因斯的三大心理法則，就很重視預期因素，消費支出決定於預期所得，資本邊際效率決定於預期未來收益、流動性偏好，對貨幣投機需求決定於市場預期利率的變化，但凱因斯沒有把預期概念建立爲系統化的理論。以後，爲如何應付風險與不確定性，出現了所謂適應性的預期理論（adaptive expectation），這一理論由凱因斯學派和貨幣學派同樣應用在計量模型裏，其處理的方式是把對未來的預期看成是過去實際發生的變化的加權平均，拿過去變化做爲基礎來影響對未來的預期；例如在 t－1 期預期下一期的成長率，處理

公式為

$$p_t^e = \alpha_1 p_{t-1} + \alpha_2 p_{t-2} + \cdots\cdots + \alpha_n p_{t-n}$$

p_t^e 代表 $t-1$ 期預期下一期的物價上漲率

p_{t-1} 代表 $t-1$ 期實際物價上漲率

α_1 代表權數

$\alpha_2 p_{t-2}$ 是代表上一期物價上漲率，以此類推……

　　至於權數如何決定是主觀的，拿過去實際變化做為基礎來從事預期，稱為適應性的預期，我們也可以說這種預期是消極的、被動的預期，因為下一期實際的物價水準上漲數字不會影響預期，在公式裏 p_{t-1} 理論上是實際出現（已知的），這期如發生貨幣干擾，不管貨幣性干擾如何，不影響已完成的物價上漲率，所以它不會影響預期，因此我們稱它為被動的，消極的預期體系。

　　而理性的預期認為所有的經濟個體，不管是家庭，工會，企業家，他在預期時會利用所得到的一切情報，而依主觀的機率分配來求他的期望值。

$$p_t^e = E\ (p_t)$$

$p_t^e =$ 本期預期下一期的物價上漲率

$E =$ 求期望值的符號

$p_t =$ 表示本期已知的一切情報

　　因此本期任何貨幣因素的干擾都構成情報，都會影響下一期的預期值。

　　所以理性預期代表積極的、主動的預期，因為本期政府的任何貨幣

政策，在適應性預期結構下不影響對下一期的預期，而在理性預期下，馬上會影響預期值。

　　根據理性預期學說，有系統的貨幣行動，僅能影響名目變數，自然水準與貨幣現象無關係；凡能預見的（anticipated）貨幣性干擾（例如貨幣數量增加）不可能對自然水準發生影響。凡是非預見性（un-anticipated）的貨幣性干擾對自然水準會發生短期影響。但如果貨幣性干擾是社會大眾預期它經常存在，於是由非預見變爲預見，對自然水準，實質變數不發生影響。何以預見的政策干擾，尤其是貨幣因素，對自然水準，根本不發生影響？我們可以用菲力蒲曲線來加以說明：

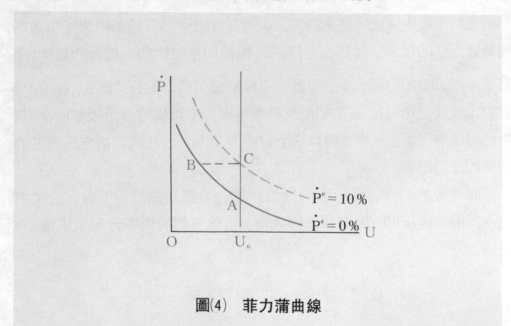

圖⑷　菲力蒲曲線

　　假設 A 點爲原來的均衡，產生膨脹性干擾，根據適應性預期理論，均衡點由 A 向 B 移動，相當時間後，膨脹的預期向觀察值的預期調整，經濟最後趨向 C。因爲依據適應性的預期理論，雖然現在干擾發生，並不影響預期，隨時間的經過，預期慢慢調整，均衡點由 A 到 B 到 C 慢慢移動。

　　根據理性的預期，如干擾是非預見的，經濟體系最初由 A 向 B 移動，如干擾被預見，則經濟體系在下期立刻由 B 很快移到 C，假如在干擾未

出現以前便被預見，則經濟體系由 A 直接跳到 C，自然失業率不受影響。這是適應性預期與理性預期不同的地方。

因此政府任何經濟政策必須是隨機政策（採用詭計或欺騙的方式）使民間無法預測，才能產生效果，否則，被民間預見了，就不會發生效果。所以根據理性預期學說，貨幣具有中立性，貨幣因素不能影響自然水準，不能影響實質變數，政府既無能力也沒有意願，任何預見措施也無效，所以最好少干預——把政府低能化、對政府不信任。

現代經濟理論中有所謂最適控制論，認為政府可採取某種控制措施，以達到最適當的政策結構，而理性預期認為最適控制的結果並非最適，這一點也可以菲力蒲曲線說明：

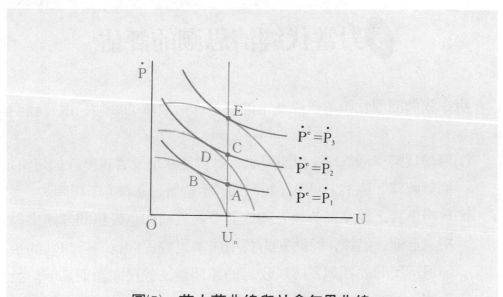

圖(5)　菲力蒲曲線與社會無異曲線

圖(5)中劃了三條菲力蒲曲線代表三個不同預期物價上漲率，愈高的預期上漲率愈高，我們也劃了三條社會無異曲線（Community indifference curve）愈向外表示社會偏好愈低，假如社會最初均衡是 A，很明顯的這不是最適的失業率和膨脹率的組合點，政府如採取最適控制的政策措施，可以把經濟移向 B 點，它是在最高偏好的無異曲線上，但是由於預期的調整，社會根據政府措施變更了預期，所以短期的無異曲線可能向上移

動，經濟體系由 B 移向 C 點。C 點也不是最適組合，所以政府採取措施。第二菲力蒲曲線同另外偏好較低無異曲線相切於 D 點，經濟體系由 C 移到 D。政府再採取，預期再調整，短期菲力蒲曲線又向上移動，與社會無異曲線相切的一點剛好是通過長期菲力蒲曲線的一點 E，所以由社會預期的調整，最後經濟體系從 D 移到 E。根據最適控制理論，它是最適的失業率與通貨膨脹率的組合點，可是我們根據理性的預期來看，它處於偏好較低的無異曲線上，不是最適點，遠不如位在偏好較高無異曲線上的 A 點，所以根據理性的預期學說，最適控制原理所採取的經濟措施，為了想使社會達到最適地位，結果卻不是最適的。

⑤對當代經濟思潮的評估

現在我們把理性預期學說基本的概念作一簡單的評估，根據我們的看法：

(1)無論貨幣學派或理性預期學說，對自然水準及實質變數如何決定，都無解釋，逃避了問題，類似的其他假設，基礎亦不穩固。

(2)政府事實上能掌握各種有關統計資料且情報也較民間部門來得充裕、正確、迅速，能動支的費用成本也較民間為高，理性的預期卻只講民間的預期，何以政府的預期無法較民間預期高明？並無說明。

(3)政府穩定經濟的能力和意願何以受到懷疑？民間與政府何以處於對立立場，而不能合作？值得深一層研究。

(4)更基本的，很多學者批評自然失業率學說也是一種假設，究竟自然失業率的水準根據什麼因素確定？勞動市場的結構如何決定自然失業率？生產者、企業家以及家計部門是不是有某種機能，能確定自然失業水準？拿「自然」來規避問題，沒有尋求解釋。

現在倡導理性預期學說的大多是年輕的學者，年輕人總有革命性、

突破性想法，而經濟學也是時常有新的學說，突破舊的傳統學說。不過我們總覺得美國一批學者在提出新理論時往往不夠成熟，這與英國年輕的學者不同，英國學者雖然年輕，但比較起來，思想較成熟，這與經濟學方法論有關係。美國的一批學者在方法論上差不多受到 Friedman 的影響，而 Friedman 的方法論有一個很基本的缺點，他認為檢定任何理論是否能成立，只要這個理論模型具有充分的預測能力即可，至於，它的前提是否與經濟現象一致，並不重要，前提只是為了建立理論模型的方便而設。因此，在理論的研究上往往先有結論再找前提。

Friedman 有些理論就像魔術師的理論，魔術師從帽子裏變出兔子，神乎其技，殊不知兔子是預先安排在帽子裏，不過魔術師的手法快，使人無法發現其做假而已。而現在年輕人受他方法論影響很深，先有主觀看法，再找前提，至於看法是否站得住則不去考慮。理性預期學說就具有這種味道。東歐經濟學者，匈牙利科學院院士 J. Kornai 對西方經濟理論有深入造詣，也有深刻的批評，他說一般我們都把經濟學看成一種 Positive science，他認為 Positive science 包含兩個部門，一個是所謂數理邏輯系統的 Positive science，物理、天文、數學皆是。它能不能成立，只看前提是否一致，推理是否正確，是，則結論成立，而毋需靠實際通盤印證。另一個範疇是 real science（現實科學），能否成立要看前提是否與現實一致，推理是否正確，更要看結論是否有充分預測及解釋現象的能力。Kornai 認為西方很多經濟理論走上了數理邏輯系統的道路，忽視了前提是否與經濟現實吻合的重要性，因此使很多理論抽象、空洞。

理性的預期，我們看它的所有論文為了從事實證研究，也都是採用數理，計量分析的方法，前提是否根據事實歸納而產生？很難使我們滿意。

6 當代經濟思潮產生的時代背景

　　理性預期學說代表了一個經濟思潮，但能否接受考驗則很難說，當然這個思潮也有它產生的時代背景：何以現在貨幣學派與理性預期說對政府有排斥現象？認爲今日的通貨膨脹是貨幣因素造成的？而認爲貨幣政策佔很大的責任？對石油危機所造成全世界的震撼反而忽視？何以會產生貨幣學派？何以會產生理性預期學說，我想這要從戰後三十多年世界經濟背景來考慮：

　　二次大戰以後，美國的國際地位有了特殊的變化，它不但在政治上是自由世界的領袖，在經濟上又變成唯一的經濟大國。戰後初期，美國的生產總額佔自由世界的一半，無形中在經濟上也居於領導地位。戰後所有民主國家，經濟上都癱瘓崩潰，戰後的主要問題是經濟的復興，爲促成各國復興經濟，不管西方的英、法、德以及新獨立的發展國家如非洲、亞洲、中東，都需要借助於美國的協助。戰後，爲了世界的經濟復興，成立了國際性的經濟組織──貨幣基金，世界銀行，美金、英鎊成爲關鍵性貨幣，美金成爲世界性貨幣，美援大量流出國外。這種援助對受援國家獲得極大幫助，不但可彌補財政上的不足，也彌補投資基金的短缺，使得這些國家經濟能復建。美金在戰後初期，大家都爭取，維持美國戰後最初二十年的繁榮，美援本身便代表有效需求的提高，但美國戰後經濟政策無形中也產生過分的擴充作用。因美國受凱因斯學說影響，認爲戰後還可能產生高度的經濟衰退，因而通過就業法案，以政府的力量，管理需求。因此雙重的擴充，引起景氣過熱。在美援之外，美國又負起世界警察的任務，協助各國對抗共產主義。在某些國家，更直接參與反共戰爭，在韓戰、越戰中軍費支出雖有助美國經濟繁榮，卻更使美元大量流出。且這種不求勝利的戰爭，美國的參與使青年人陣亡甚多，美國青年又受共產黨引誘吸毒，等回到美國本土之後，對社會造成不良

影響，反戰、反政府。等到西方國家經濟逐漸穩固，不再需要美援，希望以貿易代替援助，於是擴充出口，使美國貿易大受影響，在國際收支上產生大量赤字，流向國外美元天文數字般增加，使大家對美元的信心動搖，價值也相對低落，美元關鍵地位受損，美元貶值，物價不斷上升。所以在六十年代後期通貨膨脹現象嚴重發生。另一方面戰後許多新興國家，政治上雖已獨立，但經濟卻依舊落後，非常重視經濟開發；而美國在戰時由於提供同盟國軍事援助，鼓勵農業生產，使農業生產力大爲提高，乃產生糧食過剩問題，政府只好採取農產品價格維持政策：一方面鼓勵農民減少耕作面積，另一方面通過四八〇公法以糧食作爲援外工具，因此落後而正發展中國家在開發過程裏都忽視農業的發展，而重視工業發展。同時公共衛生進步，死亡率降低，以至人口大量增加，糧食需求也不斷增加。到六十年代底，俄國的赫魯雪夫農業政策失敗，國內大量缺糧。中共文化大革命，造成 1966 年後三年天災人禍，糧食大缺，所以此兩共產集團被迫向全世界大量購糧。偏偏在 70 年前後發生世界性水旱災，糧食歉收，使得糧食不足現象更趨嚴重，全世界糧價上漲，又引起工業原料價格上漲，引起石油輸出國的興趣，認爲油可以控制西方國家。1960 年伊朗的穆沙德本來就想以石油武器對付西方國家，但當時世界主要國家對石油依賴性不高，美國還有餘油可輸出，以至穆沙德政策失敗。但到七十年代，美國從石油能自給變成有 40％ 依賴進口，剛好中東戰爭發生，給石油輸出國的阿拉伯國家發動石油危機的機會，全世界不僅物價迅速上升，經濟也大幅衰退。

　　美國的參與韓戰及越戰使人民對政府信心大減，戰時國防費用大增，戰後大幅度推廣社會安全制度，福利支出大增，因爲良好的社會安全制度，即使不工作同樣可以拿失業津貼，這麼做，對勞動、儲蓄，及投資的誘因當然有影響。而政府大量的國防支出加上大量福利金支出，使預算發生大量赤字，靠發行公債來維持，於是利息支出頗大，美國政府爲了取得財源，不得不向社會去爭資金。根據估計，美國的淨儲蓄約爲 5％，全部來支應政府的財政赤字都不夠，當然民間資金更受影響，可以

說美國國內財政赤字及美元大量流出國外，引起美金價值下跌，物價上漲，也因此引起學者之間對貨幣因素的重視。

美國政府的參與韓戰及越戰使民間對政府的措施不信任，而石油危機爆發，產生兩個矛盾現象，──一方面經濟衰退，一方面又是物價水準上升，以至於為了解決這些問題，必然會引起經濟思潮上新的變動，產生了所謂貨幣學派，供給面經濟學及理性的預期學說。

所以當前經濟思潮不是憑空產生的，有其時代及歷史背景，可以說二次大戰以來，世界經濟特別是居於領導地位的美國，領導地位愈來愈低，西方國家經濟復興後與他分庭抗禮；而國內財政負擔重、負債多，所以才產生前述經濟思潮，也使得雷根上臺後要儘量控制貨幣供給量，使利率水準大幅度增高，經濟情況更惡化，今年九月美國失業率高達10.1％，對雷根年底競選可能有相當妨礙。

7 結　論

我們的經濟與美國大有差異，我們是小規模的開放經濟，原則上對國外依存性高，新臺幣沒有美元的關鍵性性質，只是在國內流通，也沒像美國政府負債那麼重，所以認為新臺幣的發行量會影響物價，恐怕是高估了新臺幣的身價。吾人不能比照美國情況來解釋我們的經濟。開發中國家，政府有它必須擔當的功能，如果把政府醜化，低能化，要政府少干預，採取放任政策是行不通的。要知道，我們有中共虎視眈眈，我們要保障安全，統一大陸，要得到世界的重視，是要在經濟發展上有所突破。通貨膨脹既屬輸入型，非吾人能完全加以控制，但是經濟建設上的突破是我們能做到的，根據這種背景，我們來衡量我國學者之間的爭辯，也許能使我們有個比較，客觀的判斷，這也是我今天向各位提出報告的動機。

有關理性預期學說的參考書

1. S. Fischer (ed.)：*Rational Expectation and Economic Policy*，1980，University of Chicago Press. Chicago.

2. J. J. Sijben：*Rational Expectations and Monetary Policy*，1980，雙葉影印。

3. J. Tobin：*Asset Accumulation and Economic Activity*，1980，雙葉影印。

4. R. E. Lucas：Jr. and T. J. Sargent (eds.) *Rational Expectations and Econometric Practice*，1980，雙葉影印。